Carl-Auer-Systeme

Liebe, die löst

Wilfried Nelles

Einsichten aus dem Familien-Stellen

2002

Carl-Auer-Systeme im Internet: **www.carl-auer.de**
Bitte fordern Sie unser Gesamtverzeichnis an!

Carl-Auer-Systeme Verlag
Weberstr. 2
69120 Heidelberg

Satz u. Grafik: Drißner-Design u. DTP, Meßstetten
Umschlaggestaltung: WSP Design, Heidelberg
Umschlagbild: © Shunyam P. Schaden
Printed in Germany
Druck und Bindung: Kösel, Kempten, www.koeselbuch.de

Erste Auflage, 2002
ISBN 3-89670-286-6

Die Deutsche Bibliothek - CIP-Einheitsaufnahme

Ein Titeldatensatz für diese Publikation ist bei
Der Deutschen Bibliothek erhältlich.

Inhalt

Dank

Ich habe vielen Menschen zu danken, die zu diesem Buch beigetragen haben. Als erste möchte ich Irmgard Schwab, Susanne Krause und Abhar H. Vordermeyer aus Kirchberg a. d. Jagst erwähnen, die mich nicht nur ermutigt haben, mit dem Familienstellen zu beginnen, sondern mich dabei tatkräftig und mit Liebe unterstützt haben. Diese Liebe und ihr Vertrauen hat mir über manchen anfänglichen Zweifel hinweggeholfen.

Vorher noch hat Sneh Victoria Schnabel mich großzügig eingeladen, bei ihren Seminaren zu hospitieren. Dies war meine erste tiefe Begegnung mit Bert Hellingers Arbeit und hat mich auf den Weg gebracht.

Möglich wurde dieser Weg aber erst durch die Teilnehmer, die meine Gruppen besucht und sich mit mir zusammen dem tieferen Wissen anvertraut haben, das uns führt. Viele von ihnen haben die Arbeit weiter getragen und weiter empfohlen, darunter auch viele Psychotherapeuten und Heilpraktiker, die mir ihre Patienten geschickt habe. Es sind zu viele, um sie alle namentlich zu erwähnen, aber ich möchte ihnen allen von Herzen danken.

Dieser Dank gilt auch denen, die meine Arbeit in ihrem Umfeld initiiert und/oder organisiert haben: Martin Stotz und Shunyam P. Schaden in Stuttgart, Rita Salis in Köln, Christa Odenkirchen, Antje Freund und meine Frau Birgid in der Eifel, Judith Hein in Darmstadt, Heiner Seehausen und Karin Baum im hohen Norden, Sophie Erdödy in Spanien, Rositta Virag in Mondsee, Katalin Fraydenegg in Wien, Elvira Kunsch in Leipzig sowie Anne Wiegmann und Traudl Haas in Berlin. Das Besondere war, dass sie mich alle mit dem Herzen unterstützt haben.

Das Buch hat sich am Ende fast von selbst geschrieben, aber ich bin Gunthard Weber und Frank Arjava Petter sehr dankbar dafür, dass sie mir über schwierige Hürden hinweggeholfen haben. Gunthard hat mir einfach vertraut und zugetraut, dass aus meinen damals sehr unfertigen Ideen ein gutes Buch werden könnte, und mir seine Unterstützung als Verleger gegeben, ohne dass ich ein Konzept vorlegen musste; Arjava hat mich ermutigt, einfach drauflos zu schreiben, ohne mir Gedanken um das Ergebnis zu machen. Das hat mich in Fluss gebracht. Meine Frau Birgid, Irmgard Schwab, Susanne Krause, Dorothee Weber und Bert Hellinger haben das Rohmanuskript gelesen, Fehler angemerkt und mir wertvolle Hinweise gegeben. Auch dafür herzlichen Dank.

Die (*kursiv* gedruckten) Passagen mit wörtlichen Übertragungen aus dem Kurs in Leipzig verdanke ich Norbert Wittke, der sich durch meine anfängliche Unwilligkeit nicht davon abhalten ließ, mehrere Kurse auf Band aufzunehmen. Er hat mich längst überzeugt, und wir haben aus diesen Aufnahmen parallel zu diesem Buch eines über Paarbeziehungen zusammengestellt (Nelles 2002).

Eine besondere Rolle hat, wie sollte es anders sein, meine Frau gespielt. Während sie meine früheren Tätigkeiten, insbesondere die therapeutische Arbeit, meist sehr skeptisch begleitete, hat sie das Familienstellen von Anfang an in jeder Hinsicht unterstützt und mich auf diesem Weg gestärkt. Rückblickend kann ich auch die früheren Kritiken als Stärkung sehen, weil sie vielfach berechtigt waren. Das gilt auch für manch anderen, wie meinen langjährigen Freund und Weggefährten Nirvano, dessen Kritik ich oft als Blockade empfunden habe, der mich tatsächlich aber dazu gebracht hat, mich ganz auf eigene Beine zu stellen. Birgid, Nirvano und vielen anderen, die den Mut hatten, mir unangenehme Wahrheiten zu sagen, gebührt vielleicht das größte Verdienst dafür, dass ich diesen Weg gefunden habe.

Zum Schluss ein Wort zu Bert Hellinger. Wie er seine Arbeit frei zur Verfügung stellt, wie er alle, die sie aufgreifen, durch sein Vertrauen unterstützt, berührt mich tief. In dieser Unterstützung habe ich mich von Anfang an getragen gefühlt, und einen fruchtbareren Boden für ein kraftvolles Wachstum kann ich mir nicht vorstellen. Auch zu diesem Buch hat er mich in vielfältiger Weise ermutigt, auch und gerade dazu, es ganz auf meine Weise zu schreiben. Ihm gilt mein ganz tiefer Dank.

Widmen möchte ich das Buch meinen Eltern Karl und Thekla Nelles. Ohne sie wäre ich nichts, und ich verneige mich vor ihnen in Dankbarkeit und Liebe.

Nettersheim-Marmagen, im Januar 2002

Einleitung

Die Liebe ist merkwürdig und rätselhaft. Sie überfällt uns wie aus dem Nichts, und sie entzieht sich uns, wenn wir sie begreifen wollen. Jeder sehnt sich nach ihr, denn sie ist das Lebenselexier schlechthin und macht das Leben erst lebenswert, und doch versuchen viele, sie zu meiden, denn sie macht uns auch schwach und hilflos – manchmal schlagen wir lieber einander tot, als uns dieser Schwäche hinzugeben. Aber wir können ihr nicht entgehen. In der Tiefe unserer Seele lieben wir. Menschen sind liebende Wesen.

Aber die menschliche Liebe bringt nicht nur Glück und Segen. Mit den „Ordnungen der Liebe" hat Bert Hellinger gezeigt, dass sie ohne Ordnung nicht gedeihen kann und manchmal sogar in tragischer Weise Unheil stiftet. Hellinger nennt diese unheilvolle Liebe „blind", weil sie nicht auf die Folgen und die Ordnung schaut. Aber sie ist nicht nur blind, sondern auch selbstbezogen. Genau betrachtet ist sie eine egoistische und daher sehr kleine Liebe, auch da, wo sie – wie beim Kind, das sich für die Eltern opfert – sehr groß erscheint.

Es gibt eine kleine Liebe und eine große Liebe. Die kleine Liebe liebt eigentlich sich selbst beziehungsweise das eigene Bild der Welt. Es ist die Liebe des Kindes, das die Mutter und den Vater für sich haben will. Merkwürdigerweise ist das Kind für diese Liebe bereit, sein Glück und sogar sein Leben zu opfern. Es liebt die Eltern so bedingungslos, dass es sich schlimmste Erniedrigungen gefallen lässt und schwerstes Leid gerne auf sich nimmt, wenn es nur die Eltern behalten darf. Eltern können ein Kind töten, aber nicht seine Liebe zu ihnen. Das Familien-Stellen zeigt dies in nicht zu überbietender Klarheit.

Es ist ein weit verbreitetes Missverständnis, dass das Familien-Stellen (oder Bert Hellinger) die Liebe des Kindes zu den Eltern *for-*

dere, im Sinne einer moralischen Norm. Tatsache ist, dass diese Liebe *ist* – sie ist eine *tatsächliche Gegebenheit*. Beim Familien-Stellen geschieht nicht mehr, als dass diese Tatsache ans Licht gebracht wird, weil erst auf der Basis dieser Tatsache Lösungen gelingen können. Die Lösungen selbst gehen über diese kindliche Liebe weit hinaus.

Denn das Kind (gemeint ist hier sowohl das tatsächliche Kind als auch das Kind im Erwachsenen) liebt *für sich*. Selbst wenn es sich opfert, möchte es seine Eltern und sein Bild behalten. Seine Liebe will die Wirklichkeit nicht wahrhaben, sondern sie durch das Opfer beeinflussen, überlisten. Es hat Angst, alles zu verlieren, wenn es die Wirklichkeit anschaut, wie sie ist. Vor allem hat es Angst, die Eltern und seine Liebe zu ihnen zu verlieren – das ist schlimmer als der Tod. Wenn es gar nicht mehr gegen die Wirklichkeit ankommt, dann nimmt es zur letzten Rettung Zuflucht: Es leugnet die Liebe und versucht, sie zu ersticken. Damit erstickt es selbst.

Die kindliche Liebe ist also tatsächlich eine Ich-Liebe. Ihr Gegenpol ist aber nicht etwa die Nächstenliebe – diese ist lediglich eine trickreiche Variante der kleinen Ich-Liebe –, sondern die *Liebe zur Wirklichkeit*. Die große Liebe ist groß, weil sie die Wirklichkeit aushält, wie sie ist. Weil sie nicht eine Idee liebt oder ein Bild, sondern das Leben, wie es ist. Sie hält es zum Beispiel aus, wenn die Mutter leidet oder aus dem Leben gehen will, ohne dass man sich einmischt, ohne dass man ihr durch Mit-Leiden ihr Schicksal erleichtern oder nehmen will; oder dass der Partner ganz anders ist, als ich ihn gerne hätte; oder dass die Welt so ist, wie sie ist. Sie hält das nicht nur aus, sondern sie hält es *liebend* aus, ohne sich abzuwenden, ohne hart oder zynisch zu werden. Diese Liebe löst – sie löst aus Verstrickungen und aus dem Bann, in dem uns die kleine Liebe ebenso wie das Leugnen der Liebe (der Kampf) gefangen hält.

Beim Familien-Stellen wird nach der Ordnung gesucht, in der die Liebe ungehindert fließen kann. Das hat dieser Arbeit und Bert Hellinger, ihrem Begründer, in manchen Kreisen den Ruf des Konservativen, wenn nicht Rückwärtsgewandten eingebracht. Tatsächlich geht es beim Familien-Stellen jedoch um *Freiheit*, darum, wie der Einzelne mit sich selbst in Einklang kommen und seinen ganz eigenen Beitrag zur Welt leisten kann. Er kann dies aber nicht *gegen* die Welt und auch nicht gegen seine (familiären) Wurzeln, sondern nur *mit* ihnen.

„Man muss der Wirklichkeit zustimmen, wie sie ist", habe ich Bert Hellinger oft sagen gehört. Ein großer Satz, und ein schrecklicher. Denn die Wirklichkeit, wie sie ist, ist das nicht eine Aneinanderreihung von Furchtbarem, Schrecklichem? Kriege, wo man hinschaut, Mord, Vergewaltigung, Tod, Folter, Hunger, Elend, Krankheit ... Zustimmen, dem zustimmen? Ganz zu Anfang meiner Arbeit als Familien-Steller habe ich ihn einmal gefragt, ob er das denn wirklich kann, der Wirklichkeit zustimmen, mit allem: „Ja, schon", hat er ganz ruhig gesagt, „obwohl es auch für mich oft schrecklich ist, was ich da sehe. Aber ich stimme schon zu."

Wie geht das? Man muss einen weiten Blick haben, einen, der das Ganze umfasst, über das jeweilige Einzelschicksal hinaus, aber ohne dieses aus dem Blick zu verlieren. Man muss in der Lage sein, sich berühren zu lassen, ohne dabei stehen zu bleiben. Und man muss davon Abstand nehmen, Ereignisse zu bewerten. Man muss lernen, einfach hinzuschauen und sich von der Wirklichkeit führen und belehren zu lassen. Dies geschieht beim Familien-Stellen, dies ist es, was die Tiefe und die Kraft dieser Arbeit ausmacht.

Es gibt nichts Schreckliches, das beim Familien-Stellen nicht auftaucht, und es gibt nichts, was so schrecklich ist, dass es nicht zu einem tiefen Frieden und einer tiefen Andacht führt, wenn man sich ihm offen stellt – offen, das heißt ohne den Versuch, es zu verändern. So verständlich unsere Wünsche nach einer anderen, heileren Welt auch sein mögen – sie führen nur zu Schlimmerem; und so verständlich und manchmal geradezu überwältigend der Drang ist, vor dem Schrecken der Welt im Ganzen oder schlimmen persönlichen Schicksalen im Einzelnen die Augen zu verschließen, wegzuschauen und sie aus unserem Bewusstsein zu verbannen – dieses Wegschauen ist die Ursache unseres Leidens.

Die Wirklichkeit wirkt auch ohne unsere Zustimmung, sie ist darauf nicht angewiesen. Aber *wir* sind auf sie angewiesen. Denn aus eben dieser Wirklichkeit, sei sie schrecklich oder schön, speist sich unser Leben, beziehen wir unsere Kraft – und wenn wir uns dagegen stellen, haben und sind wir verloren.

Ich erlebe es fast jedes Wochenende, dass die Teilnehmer eines Seminars nach der ersten Aufstellung ebenso erschrocken wie beeindruckt und gefesselt sind, wie tief diese Arbeit geht und wie „wahr" sie ist. „Wahr" nicht in einem metaphysischen oder philosophischen Sinne, sondern als klares inneres Gefühl, dass hier eine

Wirklichkeit aufscheint, die allen gemeinsam und im Innersten vertraut ist, die alle aber auch fürchten, weil sie keine Ausflüchte mehr lässt.

Dieses Erschrecken kann man auch in der öffentlichen Wahrnehmung des Familien-Stellens beobachten. Anders als in den Seminaren kann der Leser eines Artikels oder eines Buches sich die Sache selbst noch relativ leicht vom Leibe halten (und damit seine Abwehr aufrechterhalten), während die Seminarteilnehmer buchstäblich mit Leib und Seele in den Prozess hineingezogen werden. Dabei erleben sie dann, wie der Schrecken, wenn man ihn lässt, in eine Tiefe führt, in der sich Stille, Frieden und Liebe ausbreiten – und zwar ganz von allein, nur durch das vorurteilsfreie Nehmen der Wirklichkeit.

Dieser Friede ist kein Friedlichsein, diese Liebe ist kein Liebsein. Es sind natürliche Zustände, die zu uns gehören; sie werden uns zuteil, wenn wir uns dem, was ist, offen zuwenden. So ist denn die Liebe am Ende eine Liebe zu dem, was ist, eine Liebe zur Wirklichkeit. In dieser Liebe sind wir frei.

Dies ist freilich eine andere Art von Freiheit als die, nach der die meisten streben. Sie will das Wirkliche, das Gegebene, nicht überwinden, sondern fügt sich ihm. In diesem Sich-Fügen, im Erkennen und Anerkennen unserer Bindungen und Grenzen, zeigt sich erst der Horizont dieser Freiheit.

Das Bild des Flusses scheint mir gut geeignet, dies zu verdeutlichen. Das Wasser des Lebens fließt nur, indem es von der Landschaft, in die sich die Quelle ergießt, begrenzt wird. Die Eigentümlichkeiten dieser Landschaft machen aus dem Wasser einen Fluss. Ohne Grenzen würde das Wasser einfach versickern. Damit es den Weg zum Meer findet, muss es sich diesen Grenzen fügen – die Ufer und das Flussbett geben dem Wasser erst die Möglichkeit, lebendig zu fließen und seinen weiten Weg zu nehmen. Natürlich: Es reibt sich an seinen Grenzen; diese sind in ständiger Bewegung und werden durch das Wasser auch geformt und, in langen Zeiträumen, verändert, aber als Grenzen bleiben sie, und sie geben dem Fluss die Richtung und die Kraft zu fließen. Und mehr, als dass er sich an ihnen reibt, fügt er sich. Tatsächlich entsteht und verändert sich der Fluss nur, indem das Wasser sich den vorgefundenen Bedingungen fügt. Genau dadurch wandeln sie sich im Laufe der Jahrmillionen. Würde er sich ständig gegen seine Grenzen auflehnen, käme er nicht weit. Gelegentlich hält er es zwar nicht aus und überschwemmt die Ufer, aber er kehrt immer wieder zurück. Seine Identität als Fluss setzt die Grenzen voraus.

Unsere Identität als Menschen setzt ebenfalls unsere Begrenztheit voraus. Wir werden geboren, wachsen, wandeln uns, werden – vielleicht – alt und sterben. Aber wir werden auch in eine bestimmte Welt hineingeboren, in eine bestimmte Zeit, eine bestimmte Kultur, eine bestimmte Familie. All dies ist uns vorgegeben und nicht veränderbar. All dies begrenzt uns und formt uns, und es macht auch unsere jeweilige Einzigartigkeit aus.

Am Anfang von all dem, genauer gesagt: an *unserem* Anfang, steht die Familie, stehen vor allem die beiden Menschen, aus denen wir entstanden sind: unsere – leiblichen! – Eltern. Ihnen müssen wir uns zuwenden, wenn wir mit uns selbst in Einklang sein wollen. Wir sind, was wir sind, durch unsere Eltern –, und darüber hinaus durch unsere übrige Familie. Sie alle prägen uns nicht nur viel mehr, als wir annehmen, sondern sie (und ihre Geschichte, ihre Schicksale) machen uns geradezu aus.

Eine der vielleicht überraschendsten – und gewiss nicht dem Zeitgeist entsprechenden – Einsichten Bert Hellingers ist, dass unser Lebensweg weniger durch Erziehung und gesellschaftliche Einflüsse als durch Ereignisse und Muster geprägt ist, die aus der Familiengeschichte stammen und, völlig unbewusst, über Generationen weitergetragen werden. In den tieferen Schichten unserer Seele folgen wir Ordnungen und Gesetzen, die uns vorgegeben sind und uns an unsere Herkunft und die Schicksale unserer Familie binden. Erst wenn wir diese Bindungen anerkennen, wenn wir *wollen, was wir sind,* fließen wir als kraftvoller Strom dem Ozean entgegen.

Gunthard Weber hat vor knapp zehn Jahren in seinem Buch „Zweierlei Glück“ (1993) die Ordnungen herausgearbeitet und systematisch gegliedert, die Bert Hellinger in den Anfangsjahren des Familien-Stellens gefunden hat. Ein Teil des ungeheuren Erfolges des Familien-Stellens ist sicher auch darauf zurückzuführen, dass es den Teilnehmern wieder ein Gefühl für Ordnungen gibt, die in dem Sinne richtig sind, dass sie mit unserem inneren Ordnungssinn übereinstimmen. In den Aufstellungen werden einem diese Ordnungen nicht einfach vorgesagt, sondern man kann sie erfahren.

Aber auch dieses Erfahren kann relativ oberflächlich bleiben, wenn man bei den äußeren Konstellationen und Regeln stehen bleibt und nicht versteht, welche tiefen inneren Ordnungen und seelischen Bewegungen ihnen zugrunde liegen. Tatsächlich sind diese äußeren Regeln eher sekundär bzw. nur als Ausdruck einer inneren Ordnung von Bedeutung. Wenn sie ohne ein Bewusstsein dieser inneren Ordnung, also als bloße Regeln oder räumliche Anordnung, praktiziert werden, fehlt ihnen die Kraft.

Inzwischen hat das Familien-Stellen eine von niemandem erahnte Ausweitung erfahren, die sich über den ganzen Globus erstreckt. Es hat sich dabei auch in seiner äußeren Form und in den Einsichten in die hinter diesen Ordnungen wirkenden Kräfte und in die Bewegungen der Seele verändert und vertieft. Im äußeren Ablauf der Familienaufstellungen, wie sie heute von Bert Hellinger und denen, die ihm darin folgen, praktiziert werden, spielen diese Konstellationen oft nur noch eine untergeordnete – vielleicht sollte man besser sagen: unsichtbare – Rolle. So wichtig sie anfangs waren, um die inneren Bewegungen und Ordnungen in menschlichen Systemen ans Licht zu bringen, so sind sie heutzutage hinter diese Bewegungen selbst zurückgetreten. Sie bilden immer noch die Basis der Arbeit, aber es wird immer deutlicher, dass das Familien-Stellen kein seelischer Knigge ist, in dem man das jeweils richtige Verhalten nachlesen könnte, sondern ein fließender Prozess, der sich immer wieder neu der Wirklichkeit aussetzt und sich dementsprechend verändert. Der Einzelne, der die Einsichten des Familien-Stellens aufnehmen und in sein Leben integrieren möchte, kommt nicht umhin, sich ebenfalls diesem Fluss anzuvertrauen und in eigener Verantwortung zu handeln. In diesem Sinne geht es mir in diesem Buch nicht um eine möglichst vollständige Darstellung von Konstellationen und Ordnungen, sondern darum, das innere Verständnis für die dahinter wirkenden Kräfte zu wecken.

Das Familien-Stellen ist auch keine Heilslehre, obwohl seine heilsamen Wirkungen im Einzelfall wie auch in der Summe manchmal an Wunder grenzen und man darüber hinaus wohl sagen kann, dass die Arbeit generell dem Seelenheil der Klienten dient. Dahinter steht aber keine Heilsabsicht, kein Rettungsgedanke oder Ähnliches. Das eigentlich Heilende ist der Blick auf die Wirklichkeit, wie sie ist, ohne die Absicht, sie zu verändern.

Deshalb ist das Familien-Stellen streng genommen auch keine Therapie, vor allem keine Psychotherapie, über deren Rahmen und Sichtweise es in vielfacher Hinsicht weit hinausreicht. Während diese sich mit dem Einzelnen befasst und die Befindlichkeit des Einzelnen als Ausgangspunkt, Standpunkt und Maßstab nimmt, sieht das Familien-Stellen den Einzelnen immer als Teil einer ihn umfassenden Ganzheit (Familie, System etc.) und sucht nach dem richtigen Platz in dieser Ganzheit. Und normalerweise wird auch nicht mit einem Klienten therapeutisch an dessen Problemen und seinen psychischen Mustern gearbeitet, sondern der Aufsteller begleitet ihn lediglich so weit, bis er sich seiner (Familien-)Wirklichkeit gegenübersieht.

Wenn ich die Arbeit dennoch oft generalisierend als „Therapie" und den Aufsteller als „Therapeuten" bezeichne, dann folge ich damit einmal dem üblichen Sprachgebrauch (der auf fachliche Definitionen keine Rücksicht nimmt) und knüpfe zum anderen an der griechischen Wurzel *therapeia* an, die Wolfgang Giegerich (1988, S. 23) wörtlich mit „Dienst" und, im übertragenen Sinne, mit „Seelenkultur" (S. 282) übersetzt. Beide Bedeutungen beschreiben sehr schön die Aufgabe eines Familien-Stellers.

Teil I: Im Wissensfeld

Einstimmung

Ich beginne, als Einstimmung, mit der Wiedergabe eines frei gehaltenen Vortrages zu Beginn eines Seminars in Leipzig, am 25.10.2001.

Wenn man das Familien-Stellen in der Tiefe verstehen will, dann muss man sich von den überkommenen Vorstellungen von Therapie lösen. Das, was wir hier machen, ist im Grunde ein ganz anderer Prozess. Zum Beispiel ist es eine Vorstellung der Therapie, dass man seine Probleme Stück für Stück bearbeitet, nicht selten über viele Jahre hinweg. Beim Familien-Stellen ist das vollkommen anders, und ihr müsst, wenn ihr es verstehen wollt und wenn es bei euch wirklich tief wirken soll, diese Vorstellung eines linearen Prozesses, eines Prozesses, der über eine lange Zeit geht, in der man „an sich arbeitet", aufgeben.

Das Familien-Stellen ist im Grunde eine einmalige Angelegenheit. Es passiert im Moment, und dieser Moment ist außerhalb der Zeit.

Dass das Geschehen außerhalb der Zeit ist, kann man zum Beispiel daran sehen, dass in einer Aufstellung eine Frau steht und ihr Sohn und der Urgroßvater, der schon seit 50 Jahren tot ist. Aber im Moment der Aufstellung ist der Urgroßvater genauso präsent wie die Person, die aufstellt.

Das heißt also, die Zeit ist aufgehoben. Wir gehen aus der linearen Zeit, in der sich eins aus dem anderen ergibt, hinaus und sind in einer anderen Ebene, und in dieser anderen Ebene kommen Dinge, die durch irgendwelche Ereignisse in Unordnung geraten sind, in eine gewisse Ordnung zueinander. Wenn die Aufstellung zu Ende ist, gehen wir sozusagen in unsere normale Zeitebene zurück. Dann gehen wir nach Hause, und es braucht manchmal noch eine ganze Weile, bis sich das Erlebte innerlich richtig manifestiert hat, bis es sozusagen klick gemacht hat. Aber der Prozess ist eigentlich schon längst abgeschlossen; das, was zu tun ist, ist vorbei. Was dann noch zu tun ist, ist geschehen lassen und nichts machen.

Ich erzähle das, damit ihr aus dieser Vorstellung, dass ihr etwas machen müsst, herauskommt. Hier macht niemand etwas, ich mache nichts und ihr macht nichts. Es sieht zwar anders aus, aber so ist es. Wenn man von dieser Idee, dass man an seiner Persönlichkeit oder an seiner Seele etwas machen könnte, mal zurücktritt, dann entsteht ein Raum, in dem sich in der Seele etwas ordnen kann. Das passiert von selbst.

Diese Vorstellung, dass ich mich ändern könnte, ist, wenn man genau hinschaut, ziemlich absurd. Denn wer ist das Ich, das sich ändert …? Das ist ja ein und dasselbe, Subjekt und Objekt sind dasselbe, und es bleibt auch dasselbe. Da ändert sich nichts.

Also, das hier ist ein völlig anderer Ansatz, bei dem dieses Ich zurücktritt und etwas, was ich nicht benennen kann, etwas Größerem, in das wir eingebunden sind, Platz macht. Dann geschieht *eine Veränderung – lieber benutze ich das Wort Wandlung –, aber sie geschieht nicht, weil wir sie machen, sondern weil wir uns einer Wirklichkeit aussetzen, die uns umfasst. Vielleicht habt ihr das schon einmal gemerkt: Es ist immer die Wirklichkeit, meist die „harte" Wirklichkeit, die uns wandelt. Man muss sich nur der Wirklichkeit stellen, ihr sozusagen nackt begegnen, dann berührt und wandelt sie uns.*

Das ist also der tiefere Prozess dessen, was in Aufstellungen passiert.

Es ist also gut, wenn ihr innerlich in eine Haltung geht, die darauf ausgerichtet ist, mit dem Größeren, das euer Leben bestimmt, das euer Leben führt, in Kontakt zu kommen. Und es gibt *dieses Größere –* ihr *habt nämlich nicht entschieden, dass ihr auf diese Welt kommt;* ihr *habt nicht entschieden, in welche Familie ihr kommt, das ist ohne euer Dazutun passiert. Das heißt: Irgendetwas, über das ich überhaupt nichts sagen will und nichts sagen kann, irgendetwas ist uns vorausgegangen, umfasst uns. Und genauso wenig, wie wir über den Anfang entschieden haben, entscheiden wir über das Ende. Auch an unserem Ende ist irgendetwas Größeres und nimmt uns von dem, was wir Leben nennen, weg – wohin auch immer.*

Das heißt auch: Wenn der Anfang und das Ende nicht in unserer Hand liegen, ist es eine ziemlich verwegene Idee anzunehmen, das Dazwischen läge in unserer Hand, wir könnten das nach eigenem Ermessen lenken oder steuern. Wenn wir in diesem Boot überhaupt etwas steuern können, dann sind wir zumindest den Winden und Strömungen ausgeliefert, die dort und zu der Zeit herrschen, wo unser Boot ausgesetzt wurde. Das heißt, wir müssen mit ihnen gehen, auf sie hören, ihnen „ge-horchen", uns ihnen anpassen, unsere Steuerungsbemühungen müssen mit ihnen in Einklang sein. Dann haben wir vielleicht ein wenig Spielraum, gewisse Ziele zu erreichen. Das sind zwar gewagte Sätze, die ich hier ausspreche, die manchem nicht ganz geheuer erscheinen mögen, aber wenn man genau hinschaut, ist das völlig logisch.

Wenn ihr euch also auf diesen Prozess in der Form einstimmt, dass ihr bereit seid, euch dem zu übergeben, was den Anfang, das Ende und dass Dazwischen in eurem Leben ausmacht, dann kommt ihr in Kontakt mit dem, was wirklich wesentlich ist für euer Leben. Und dann kommt ihr in Kontakt mit dem, was diesen Prozess hier in der Tiefe anleitet und was euch auch eine Anleitung geben kann. Dann sind diese Prozesse zwar vielleicht manchmal heftig, aber nicht schlimm. Was sich dann bewegt, bewegt sich, auch wenn es etwas Schweres ist, in gewisser Weise auch auf eine leichte Art und Weise.

Das wäre eine gute Haltung, um in diese Arbeit hineinzugehen.

Und dann gibt es die Ebene dessen, was wir tun, das, was wir sozusagen auf der sichtbaren Ebene machen: nämlich Leute aus unserer Familie aufstellen. Das geht so vonstatten, dass ich, nachdem ich kurz mit euch geredet habe, um für euch wie für mich eine gewisse Klarheit darüber zu bekommen, worum es euch geht, was das Anliegen ist, wo ihr gerade steht und ob ihr in dem Moment auch in der Lage seid oder reif seid – oder, besser gesagt, ob die Zeit reif ist – um aufzustellen, entscheide, ob bzw. was und welche Person aufgestellt wird. Und dann sage ich: Stelle jemanden für den und den und den aus deiner Familie auf.

Dabei gibt es die klassische Unterscheidung zwischen der Herkunftsfamilie (Vater, Mutter, Geschwister, Großeltern usw.) und der Gegenwartsfamilie (Partner, frühere Partner, Kinder). Beide werden nicht immer ganz klar auseinander gehalten, aber ich setze an einer dieser beiden Richtungen an.

Dabei ist es wichtig, dass diejenigen, die aufstellen, das innerlich gesammelt machen und ohne sich vorher zu überlegen, wie sie die Personen aufstellen. Es ergibt sich aus dem Augenblick, und ihr wisst sowieso vorher nicht, wen ich euch aufstellen lasse. Ihr könnt euch alles Mögliche ausdenken, und dann sage ich: Stelle den Tod und den lieben Gott auf! Das kann vorkommen (also, ich mache jetzt keine Witze)! Und dann habt ihr euch schon ein Bild gemacht, wo euer Vater und eure Oma steht, und jetzt müsst ihr den Tod und den lieben Gott aufstellen.

Also, das bringt nicht viel. Wichtig ist, dass ihr innerlich gesammelt hingeht und sagt, okay, du bist jetzt mein Vater oder du bist jetzt der Onkel sowieso oder du bist jetzt Russland (Länder oder Vergleichbares können auch aufgestellt werden) – was immer das ist –, und dass ihr die aufgestellte Person für das nehmt, was sie in dem Moment repräsentiert.

Und in dem Moment wird die Person, also der Stellvertreter, von etwas berührt, was nicht zu ihm gehört. Wenn man sich als Stellvertreter dem ohne Furcht überlässt, kann man ganz davon eingenommen werden. Aber auf jeden Fall kommt man mit etwas Fremdem in Kontakt, mit etwas, das zu dem gehört, den man repräsentiert. Ich habe gerade ein ganz interessantes Buch gelesen über „Schamanismus und Familien-Stellen" (van Kampenhout 2001) von einem Holländer, der eine schamanistische Ausbildung hat und dann später zum Familien-Stellen gekommen ist. Und er sagt, aus der schamanischen Sicht ist es so: Es kommen Aspekte der Seele beziehungsweise des Geistes von den Personen, die vertreten werden, und die gehen für diese Zeit in den Stellvertreter hinein, sie werden durch das Aufstellungsritual gerufen und helfen dann dem Aufstellenden, etwas in Ordnung zu bringen.

Ich finde, das ist kein schlechtes Bild. Ob es so ist, weiß ich aber nicht. Ich muss es auch nicht wissen, und ihr auch nicht. Wichtig ist: An diesem Platz, an den ihr als Stellvertreter hingestellt werdet, kommt ihr mit Gefühlen in Kontakt, und diese Gefühle – oder besser gesagt „Wahrnehmungen", es sind nämlich Körperwahrnehmungen von kalt und heiß, Druck oder was auch immer –, diese Wahrnehmungen gehören zu der Person, die ihr repräsentiert. Manchmal mögen diese Wahrnehmungen euch sehr bekannt vorkommen, weil es meistens so ist, dass jemand nicht zufällig für eine bestimmte Stellvertreterrolle ausgewählt wird. Das Gefühl mag euch bekannt vorkommen und trotzdem hat es in dem Moment mit der Person zu tun, die ihr repräsentiert.

Manchmal handelt es sich aber auch um ein Gefühl, das ihr überhaupt noch nicht kennt. Dann ist es natürlich klar, dass ihr merkt: Das kenne ich doch gar nicht, das kann gar nicht meins gewesen sein. Und manchmal handelt es sich um ein Gefühl, das ihr so noch nicht gekannt habt, das euch aber hinterher mit etwas in Kontakt bringt, was für euren Prozess wichtig ist, was mit euren Familiengeschichten oder mit eurem inneren seelischen Prozess zu tun hat. Von daher ist dieses Aufgestellt-Werden ein ganz wesentlicher Aspekt der Arbeit und auch ein riesengroßes Geschenk, wenn man sich dem offen zuwendet. Man erkennt, man erlebt Weisen des Lebens, die man vorher nicht kannte und die den Horizont sehr erweitern.

Derjenige, der aufstellt, sitzt hier auf diesem Platz und schaut sich die Aufstellung an – in der Regel. Manchmal stelle ich die Person auch gleich mit hinein, meistens jedoch am Schluss. Für euch selbst wählt ihr also auch einen Stellvertreter aus, und wenn ich am Schluss eine Lösung gefunden habe, kommt es häufig vor, dass ich den Aufstellenden selbst an seinen Platz stelle, damit er das Geschehen noch einmal von innen her erleben kann.

Häufig ist es auch ausreichend, wenn ihr die Aufstellung von außen seht, weil es darauf ankommt, dass sich eure Seele mitbewegt. Manchmal ist es vollkommen klar, was da passiert, und manchmal versteht man überhaupt nichts. Und dann gebe ich auch häufig keine Erklärungen darüber, was da passiert, weil ich es auch nicht verstehe. Aber es geschieht oft ein halbes Jahr später, dass die Leute mich anrufen oder mir schreiben und sagen: „Also, ich weiß ja nicht, was da passiert ist, aber mir gehts besser", und das reicht mir.

So, ich hoffe, ich habe das Wichtigste zur Einstimmung gesagt, ich weiß nie, was fehlt oder was nicht fehlt, ich erzähle immer etwas anderes.

Ich benutze den ersten Abend immer zum Aufgalopp, damit wir ein bisschen miteinander in Kontakt kommen – ihr mit mir, ich mit euch, auch der Einzelne mit der Gruppe und nicht zuletzt ihr mit euch selbst und mit eurer Familie.

Denn in der Arbeit schaue ich nie nur auf den Einzelnen und sein Problem. Das ist das Systemische daran; ich sehe euch immer im Kontext. Und es ist gut, sich darüber klar zu werden, dass hier nicht nur diese 25 Teilnehmer sitzen, sondern eine ganze Menge andere (ich weiß nicht: Geister, Seelen oder was auch immer) – also, auch eure Familien sitzen noch hier. Zum Glück brauchen die nicht so viel Platz.

Da euch das jetzt vielleicht zu versponnen vorkommt, gebe ich ein ganz einfaches Beispiel: Wenn ihr im Radio den Mitteldeutschen Rundfunk hört, dann sind dahinter noch tausend andere Kanäle – die habt ihr zwar nicht eingestellt, aber die sind auch da. Das Beispiel mag physikalisch nicht ganz zutreffend sein, weil man diese Anwesenheiten hier im Raum nicht so messen kann, aber – das ist ein Bild – auf eine ähnliche Weise kann man davon ausgehen, dass es ganz viele Seinsebenen gibt, und in einer Weise sind wir hier nicht allein. Das kann man an der Wirkung sehen, genau wie beim Radio: Erst wenn man auf den Knopf drückt, ertönt die Stimme oder die Musik, und es kommt auf die Einstellung an, welche Stimme wir hören; und in dem Moment, wenn ich einen Stellvertreter auswähle und sage: „Du bist jetzt der Onkel Josef", dann habe ich sozusagen auf den Knopf gedrückt und den Empfänger eingestellt, und die Person beginnt sich zu verhalten, zu sprechen, zu fühlen wie der Onkel Josef – dann heißt das auch, dass der hier im Raum ist. Und er war auch schon vorher da, in einer gewissen Weise – wie, weiß ich nicht.

Das müssen wir auch nicht wissen. Aber es ist gut, dass wir alle wissen oder davon ausgehen oder in dieser Haltung sind, dass wir nicht als Einzelne mit unserem Problem hier sitzen, sondern dass wir alle hier eingebunden sind und dass wir viele sind, viel mehr, als wir sehen. Das macht uns ein bisschen kleiner. Und wenn wir den Vielen aus unserer Familie in einer etwas kleineren und freundlichen Haltung gegenübertreten, wenn wir ihnen offenen Herzens zugewandt sind, dann erhalten wir von dort auch Unterstützung in unserem Anliegen. Wenn wir nur vom Ich ausgehen und sagen: Ich habe ein Problem und ich will das lösen, jetzt machen wir mal eine Aufstellung und bearbeiten das, und danach sollte es weg sein, dann instrumentalisieren wir diese Kräfte, und das lassen sie nicht zu. Das funktioniert nicht. In der Weise höre ich auch nicht auf das, was ihr wollt. Ich lasse euch das zwar sagen, aber ich versuche, auf das zu hören, was dahinter mitschwingt.

Aufgestellt

Der Mann neben mir schaut auf seine Hände, die sich aneinander reiben, sich fest verschränken, sich zu Fäusten ballen, wieder aneinander reiben. „Ich habe eine Scheißangst“, presst er mit einem kurzen Blick auf mich hervor. „Verdammter Mist!“ – die Fäuste pressen sich vor sein Gesicht, er schwankt zwischen Ohnmacht und Wut. „Okay“, sage ich, „Angst ist okay. Willst du es dir trotzdem jetzt anschauen? *Mit* der Angst?“ Er entspannt sich etwas, sagt: „In Ordnung, deshalb bin ich ja hier.“

Gut zwanzig Leute sitzen noch im Kreis. Sie haben in den vergangenen drei Tagen ihre Familien aufgestellt, der Mann neben mir ist der letzte. Er hat mit etwa tausend Kilometern die weiteste Reise hinter sich und bis zuletzt gezögert. Wir kennen uns, er war vorher schon mal mit seiner Frau bei mir. Am ersten Abend dieses Kurses hatten wir uns beim Tee eine Zeit lang allein unterhalten, und er hatte mir einige Ereignisse aus seiner Kindheit erzählt, über die er, wie er sagte, außer zu seiner Frau noch zu niemandem gesprochen habe. Er ist Mitte vierzig, Manager und stammt aus einer adeligen Familie mit einer jahrhundertealten Tradition. Die besondere Abstammung ist es auch, die ihm schon als Kind zu schaffen machte – er wollte so sein wie die anderen Kinder und mit ihnen spielen, aber das akzeptierten weder diese (für die war er einer von „denen da oben“) noch seine Eltern. Diese ließen ihn vielmehr mit zehn Jahren für mehrere Monate in eine psychiatrische Anstalt einsperren, um ihn passend zu machen.

Aus der Gruppe wusste dies niemand, und entgegen dem üblichen Vorgehen ließ ich ihn auch jetzt nichts zu seinem Problem erzählen. Ich forderte ihn lediglich auf, für seinen Vater, seine Mutter und für sich unter den Gruppenteilnehmern Stellvertreter auszusuchen. Diese sollte er, wie beim Familien-Stellen üblich, ohne weitere

Erklärung bei den Händen fassen und nach seinem inneren Gefühl an einen Platz im Raum führen. Er wählte die Personen aus, stellte Vater und Mutter nebeneinander und seinen eigenen Stellvertreter etwa vier Meter entfernt, von den Eltern abgewandt und in die gleiche Richtung schauend wie diese. Es dauerte vielleicht zehn, höchstens zwanzig Sekunden, da begann sein Stellvertreter sich zu krümmen und gleich darauf zu schreien wie ein gequältes Tier. Er schrie und schrie und schrie und krümmte sich dabei vor Schmerz und Entsetzen – wie gesagt, er wusste nichts von der Geschichte des Mannes, den er vertrat. Der Vater blieb unbewegt und schaute streng und abschätzig, die Mutter etwas gequält und schuldbewusst. Erst als ich den Stellvertreter umdrehte und ihn bat, den Eltern aufrecht in die Augen zu schauen, beruhigte er sich etwas.

(Die weitere Entwicklung dieses Falles können Sie auf S. 59 ff. nachlesen.)

Wie kommen wildfremde Menschen dazu, in den Familienaufstellungen zu fühlen wie die richtigen Familienmitglieder, die sie nicht kennen und von denen sie meist nur ganz wenig, in diesem Fall sogar überhaupt nichts, wissen? Dies ist der mysteriöseste Teil an dieser in den neunziger Jahren so populär gewordenen Arbeit, die Lösungen für viele familiäre Problemlagen und Konflikte und darüber hinaus für manches psychosomatische Leiden bringt. Er ist zugleich der wichtigste Teil, denn mit den Aussagen und nonverbalen Aktionen der Stellvertreter steht und fällt das Familien-Stellen. So wichtig die Wahrnehmung und Leitung des Therapeuten ist, er orientiert und korrigiert sich doch letztlich immer an den Stellvertretern.

Wenn ich zu Beginn eines Seminars die Methode vorstelle und über die Stellvertreter spreche, ist die Skepsis im Raum immer zu spüren. Wie sollte es auch anders sein? Zu abenteuerlich erscheint die Vorstellung, dass mein Nebenmann meinen Vater in den Grundzügen korrekt darstellen könnte oder gar ich selbst in die Rolle von Vätern, Onkeln, Söhnen und wer weiß nicht wem alles schlüpfen könnte, ohne mehr zu wissen, als dass ich jetzt für diese oder jene Person stehe. Schließlich bin ich kein Medium! Oder doch? Eine beunruhigende Frage, denn dann wären wir alle Medien!

Eine Frau meinte einmal, zuerst habe sie gedacht, ich hätte mir einige Darsteller mitgebracht, die eine Show abziehen. Bis sie dann selbst für eine Stellvertreterrolle ausgewählt wurde … In der Praxis ist es einfach: Nach drei, vier Aufstellungen, spätestens jedoch, wenn man eine Aufstellung selbst als Stellvertreter erlebt hat, schwindet die Skepsis. Was bleibt, ist allenfalls Verwunderung und Staunen und, bei einigen, die Frage: Wie ist das möglich? Was geht da vor? Die Antwort: Ich weiß es nicht, jedenfalls nicht genau.

Aber eines ist klar: Die herkömmlichen Vorstellungen von Wissen, Wissenserwerb und Wissensvermittlung sind nicht in der Lage zu erklären, was beim Familien-Stellen sichtbar wird. Offensichtlich müssen sie erweitert, vielleicht sogar ganz geändert werden.

Bevor wir also beim Familien-Stellen den familiären Ordnungen begegnen, fängt unser hergebrachtes Weltbild schon an, in Unordnung zu geraten. Die erste Erfahrung ist die von etwas Unbegreiflichem. Da uns eine solche Situation immer ungemütlich ist – zumal wenn man in einem (im weitesten Sinne) therapeutischen Umfeld damit öffentlich wirkt –, neigen wir dazu, schnell nach Erklärungen zu suchen, um wieder festen Boden unter die Füße zu bekommen. Dafür bieten sich drei typische Haltungen oder Reaktionen an.

Die erste heißt: „Das kann nicht sein" oder „Da stimmt was nicht". So reagieren vor allem diejenigen, die die Aufstellungen nur vom Hörensagen kennen und nicht selbst miterlebt haben – im Falle des Familien-Stellens fast alle Kritiker. Es wird einfach ignoriert. Aber auch mancher Teilnehmer reagiert anfänglich so. Diese Haltung währt bei Teilnehmern aber höchstens so lange, bis sie selbst als Stellvertreter aufgestellt werden. Die meisten sehen jedoch schon vorher, dass hier etwas ganz und gar Authentisches abläuft.

Die zweite Reaktion ist das Gegenteil davon: Man verklärt das Ganze zu etwas Übernatürlichem, Übersinnlichem, Esoterischem oder Mystischem. Dies ist eine durchaus verständliche Haltung, die auch rationale Menschen erfassen kann. Denn das Erleben ist, dass wir uns plötzlich etwas Größerem gegenübersehen, etwas, das nicht nur über uns und unser Wissen hinausgeht, sondern, im Rahmen rationaler Erklärungen, schlechterdings unmöglich erscheint. Wer das nicht ignorieren, aber auch nicht einfach nur aushalten kann, sucht nach einer übernatürlichen Erklärung. Aber auch übernatürliche Erklärungen sind Erklärungen, und sie haben wie jede Erklärung die Funktion, etwas, was uns übersteigt und damit zu überwältigen droht, wieder klein und handhabbar zu machen.

Die dritte Haltung will der Sache auf den Grund gehen: „Es ist zwar erstaunlich, aber ich werde es schon herausbekommen", „Es muss eine ganz rationale Erklärung dafür geben". Aus dieser Sicht haben wir es mit einem neuen Phänomen zu tun, für das entweder schon irgendwo eine Theorie existiert, die nur noch auf dieses Gebiet ausgedehnt oder ihm angepasst werden muss, oder eine neue Theorie entwickelt werden muss, das aber grundsätzlich (wissenschaftlich) erklärbar ist. Sobald man dann etwas findet, was auch nur einigermaßen zu passen scheint, wird es ganz schnell (und oft ohne es genau zu verstehen und zu überprüfen) zu *der* Erklärung.

So meinten manche, mit der – gewiss sehr interessanten und auch für einige Phänomene des Familien-Stellens sehr aufschlussreichen – Theorie der morphischen Resonanz des Biologen Rupert Sheldrake (1993) eine umfassende Erklärung für diese merkwürdigen Vorgänge beim Familien-Stellen zu haben. Ich halte dies für kurzschlüssig, wie ich an anderer Stelle aufgeführt habe (Nelles 2001).

Es gibt noch eine vierte Haltung, deren Hauptcharakteristikum darin besteht, dass sie die Tatsache des Unerklärlichen (zumindest zunächst einmal) einfach aushält. Sie betrachtet und achtet es als ein Geheimnis, vor dem sie innehält. Innehalten heißt: Man bleibt angesichts eines solchen Phänomens passiv und staunend, aber zugleich offen dafür, sich vom Phänomen selbst belehren und etwas zeigen zu lassen. Im Unterschied zur zweiten Haltung betet sie das Unfassbare nicht an, sondern ist durchaus bereit, das Erlebte in sich und an sich arbeiten zu lassen, sich davon etwas zeigen zu lassen und dem Gezeigten im „Nachdenken" zu folgen. Im Unterschied zur dritten Haltung will sie das Phänomen aber nicht ergreifen und in den Käfig einer Theorie oder Erklärung zwingen, sondern ist offen dafür, dass es Dinge zwischen Himmel und Erde gibt, die wir nicht nur *noch* nicht verstehen, sondern vielleicht nie verstehen werden.

Aus dieser Haltung heraus ist auch nach zehn Jahren Familien-Stellen in einer breiten Öffentlichkeit und durch viele Therapeuten vieles an dieser „repräsentierenden Wahrnehmung" nach wie vor unerklärlich und staunenswert. Zugleich gibt es aber viele Beobachtungen, aus denen sich zwingend neue Sichtweisen ergeben, zum Beispiel hinsichtlich der Frage: Was ist Wissen?

Was ist Wissen?

Die Aufstellungen zeigen, dass es eine Wissensvermittlung ohne Informationsaustausch oder andere Arten direkter Kommunikation gibt. Die Stellvertreter offenbaren ein Wissen, das sie nicht haben, das ihnen nicht gehört. Sie wissen oder fühlen oder zeigen etwas, ohne zu wissen, wieso sie dies wissen. Das Wissen ist aber da, und in vielen Fällen lässt es sich hinterher überprüfen. Manchmal ist es ganz präzise, meistens aber eher vage. Man kann sich voll darauf verlassen, dass die Richtung, in die es zeigt, stimmt, aber man kann sich nicht auf die Details verlassen. Deshalb eignen sich Aufstellungen nicht als quasi kriminalistische Methode, um etwas herauszufinden. Zwar werden oft Geheimnisse aufgedeckt, aber das geschieht eher absichtslos, man darf dies nicht bezwecken. Und auch bei dem, was absichtslos auftaucht, sind die Details nicht unbedingt sicher.

Wenn also herauskommt, dass jemand einen anderen Vater hat als vorgegeben, so mag dies stimmen, aber es ist kein Beweis. Es ist auch möglich, dass ein anderes Familienmitglied, zum Beispiel die Mutter oder der Vater oder vielleicht sogar jemand, dessen Existenz in der Familie verschwiegen wird, einen „falschen" Vater hat; die aufstellende Person kann mit diesem anderen Familienmitglied innerlich identifiziert sein und dessen Gefühle übernommen haben, ohne dies zu wissen, und an dessen Stelle das Gefühl haben, der vorgegebene sei nicht sein richtiger Vater. Aufstellungen weisen auf etwas hin, dienen aber nicht als Beweis.

Dennoch ist es so, dass die Stellvertreter immer etwas wissen oder wahrnehmen, was sie, nach der herkömmlichen Auffassung von Wissen und Kommunikation, eigentlich nicht wissen können. Und mitunter ist dieses Wissen geradezu gespenstisch präzise. Ich erinnere mich an eine Frau, die Stellvertreterinnen für sich und ihre Mutter aufstellte. Als ich auch noch ihre Großmutter dazunahm, berichtete die Stellvertreterin der Frau von großer Hitze im Nacken. Wo ich sie auch hinstellte, das Hitzegefühl blieb. Die Frau reagierte zunächst nicht auf diese Rückmeldung. Als ich sie jedoch nachhaltig darauf hinwies, dass zwischen den drei Frauen etwas Wichtiges passiert sein müsse, was sie bisher nicht erwähnt habe, und dass das Hitzegefühl ihrer Stellvertreterin wahrscheinlich der Schlüssel dazu sei, fiel ihr plötzlich ein, dass vor etlichen Jahren das Wochenendhaus abgebrannt war, in dem sie sich als Jugendliche mit Mutter und Großmutter aufgehalten hatte. Es sei Nacht gewesen, und sie sei aus dem Haus gelaufen, aber die Oma sei noch drin gewesen. Da habe sie sich ein Tuch um den Kopf geschlungen und sei noch einmal ins Haus gelaufen, um die Oma aus dem ersten Stock zu retten. Dabei habe sie Verbrennungen am Nacken erlitten.

In einem anderen Fall berichtete eine Frau über eine versuchte Vergewaltigung an ihr und ihrer Freundin, als die beiden knapp zwanzig waren. Ein unbekannter Mann hatte sie mit einer Pistole überfallen, sie der Freundin an den Kopf gehalten und sie aufgefordert, sich auszuziehen. Als er durch Geräusche von außen kurz abgelenkt gewesen sei, habe sie sich auf ihn gestürzt, ihm die Pistole entrungen, aus der sich dabei ein Schuss gelöst habe, und ihn in die Flucht geschlagen, nachdem die Pistole zu Boden gefallen sei. Die Frau erzählte dies sehr betroffen und erregt. Die Erinnerung war durch eine andere Aufstellung hochgekommen, in der es um eine Vergewaltigung ging, die alle Frauen in der Gruppe tief berührt hatte.

Ich lasse die Frau jemanden für sich selbst, den Mann und, etwas später, die Freundin aufstellen. Ihre Stellvertreterin beginnt, kaum dass sie da steht, laut zu lachen (es ist im Übrigen dieselbe Stellvertreterin, die auch vorher die vergewaltigte Frau repräsentiert hatte). Als ich die Freundin dazustelle, lächelt auch diese. Das Verhalten der Stellvertreterinnen steht in völligem Widerspruch zum dramatischen Bericht der Frau.

Ich frage ihre Stellvertreterin, was in ihr vorgehe, und sie antwortet:

„Einerseits tut mir mein Herz etwas weh (dieses Symptom hatte auch die Teilnehmerin selbst), aber im Grunde weiß ich: Der kann mir nichts tun. Das ist ein Würstchen, den mache ich platt."

Die Freundin bestätigt, dass sie ähnlich empfindet, und dem Täter kann man seine Unsicherheit ansehen.

Ich schaue die neben mir sitzende Teilnehmerin an und frage:
„Was sagst du denn dazu?“
Sie zögert einen Moment, dann sagt sie:
„Na ja, irgendwie stimmt das schon.“
Einen Moment lang ist sie noch irritiert, dann bricht aus ihr das gleiche Lachen heraus wie aus ihrer Stellvertreterin.

In diesem Fall haben sich die Stellvertreterinnen also weder durch ihr eigenes Bild einer drohenden Vergewaltigung mit Waffengewalt noch durch die dramatische Erzählung der Teilnehmerin beeinflussen lassen. Im Gegenteil: Ihre Wahrnehmung widersprach sogar der Information, die sie hatten. Sie waren mit einem tieferen Wissen in Kontakt, einem Wissen, das sogar die Teilnehmerin verdrängt und vergessen hatte. Wie kommt es zu diesem Wissen? Was ist dieses Wissen?

Es ist ein Wissen, das auf Teilhabe basiert. Wir haben ganz offensichtlich an etwas teil, was über unsere persönliche Erfahrung und unsere Informationen hinausgeht. Das legt die Vermutung nahe, dass etwas *zwischen* uns existiert. Anders gesagt: (Dieses) Wissen ist nicht *in* uns, sondern *um* uns oder *zwischen* uns. Dies hat, wenn man es ernst nimmt, gewaltige Auswirkungen auf unser Leben. Eine Auswirkung wäre, dass es dann nicht mehr darum gehen würde, sich möglichst viel Wissen einzuverleiben, es sich zu erarbeiten, in sich zu bunkern und festzuhalten, sondern (auch) darum, sich für dieses um uns existierende Wissen zu öffnen, uns ihm hinzugeben und uns ihm anzuvertrauen. Das würde alles ganz leicht machen – wenn es nicht so schwer wäre, die Kontrolle aufzugeben.

Man kann sich dieses um uns existierende Wissen als lebendige Schwingung vorstellen, so ähnlich wie die unsichtbaren und unhörbaren Wellen, die wir mit einem Fernsehempfänger sichtbar oder einem Radioempfänger hörbar machen können. In der Naturwissenschaft werden diese Schwingungsebenen auch als Felder bezeichnet. Der Feldbegriff scheint mir eine hilfreiche Metapher zu sein, um sich ein uns umgebendes Wissen vorzustellen. Neben den in der Naturwissenschaft bekannten Feldern gäbe es demzufolge also auch noch ein *Wissensfeld*, das uns umgibt. Man muss sich aber bewusst sein, dass dies nur ein Bild oder ein Konzept ist, nicht die Sache selbst.

In dieser Sicht ist Wissen ein Aspekt der Existenz, wie die Steine, die Planeten, der Raum, das Licht und die verschiedenen Arten von Wellen, die wir nicht direkt wahrnehmen können, sondern nur an ihrer Wirkung erkennen. Wenn wir diese Sicht einnehmen, verlieren sowohl die beim Familien-Stellen beobachtete und tausendfach dokumentierte Wissensübertragung durch unwissende Stellvertreter als auch viele andere unerklärliche Phänomene ihren mysteriösen Charakter. Geheimnisvoll bleibt nur noch das Wissen selbst, aber seine Übertragung wird – nicht exakt, aber in den Grundzügen – erklärbar. Sie geschieht, indem der Einzelne sich dem Wissensfeld öffnet. Dies funktioniert umso besser, je weniger man weiß. Die Bedingung für Wissen ist also Nicht-Wissen.

Das ist eine der Überraschungen, die einem in den ersten Stunden eines Familienaufstellungskurses begegnen. Sie wirft noch viele Fragen auf, aber fürs Erste sollte das Gesagte genügen. Am Ende des Buches greife ich das Thema noch einmal ausführlich auf.

Teil II: Liebe, die bindet – Liebe, die löst

Liebe, die bindet

Es gibt eine Liebe, die bindet, und eine Liebe, die löst, die frei macht. Die bindende Liebe kann man auch als kindliche Liebe bezeichnen, die lösende als erwachsene. So wie sich das Erwachsensein aus der Kindheit ergibt, so wächst auch die erwachsene, lösende Liebe auf dem Boden der kindlichen, bindenden Liebe. Es ist ein Wachstumsprozess, keine Alternative, die man beliebig wählen kann. Ohne Anerkennung der Bindung gibt es keine Lösung. Und auch in der Lösung ist man nicht frei im Sinne von losgelöst oder unabhängig, sondern frei als jemand, der sein Gebundensein nimmt und ihm zustimmt.

Kinder sind an ihre Eltern gebunden, an ihre Geschwister, an die Geschwister der Eltern, an die Großeltern usw. Die Bindung ist umso stärker, je näher die Verwandtschaft und/oder je schwerer das Schicksal ist, das ein Familienmitglied zu tragen hat(te). Wenn zum Beispiel ein Geschwister behindert ist oder als Kind gestorben ist, ist die Bindung zu diesem Geschwister meist stärker als zu den anderen. Ebenso wenn ein Onkel im Krieg gefallen ist. Alle Mitglieder der Familie, die ein besonderes Schicksal hatten, haben in der Seele der anderen einen besonderen Platz.

Woher diese Bindung kommt, weiß ich nicht. Manchmal werde ich gefragt, ob sie etwas Natürliches, etwas Genetisches sei oder ob sie gesellschaftlich bedingt sei. Ich kann das nicht beantworten, und ich glaube, niemand kann das. Hinter der Frage steckt meist die Hoffnung, wenn es etwas Gesellschaftliches, also etwas Erworbenes, sei, könne man es ändern, könne man sich dem entziehen – indem man z. B. die Gesellschaft verändert oder indem sich die gesellschaftlichen Rollen und die eigene Haltung dazu verändern. Diese Hoffnung trügt. Denn auch wenn die Ordnungen, die sich beim Familien-Stellen zeigen, gesellschaftlich bedingte Ordnungen sind (was ich annehme), sind sie das Resultat einer hunderttausende Jahre langen menschlichen Evolution (von früheren Evolutionsstufen, die ebenfalls noch in uns wirken, ganz zu schweigen). Die Sippen- und Familienbande haben die menschliche Evolution erst ermöglicht. Sie sind, bei aller Begrenzung und allem Leid, das sie auch hervorbringen, ein evolutionär überaus erfolgreiches Modell, und als solches wirken sie in uns quasi wie Naturgesetze. Sie mögen in Bewegung sein und sich im Laufe der Zeit auch ändern – aber in evolutionären Zeitspannen. Und diese Änderungen entziehen sich weitgehend unserem Wollen.

Die Bindung an die Familie und Sippe zeigt sich in den Aufstellungen als Liebe. Das Ich fühlt diese Liebe oft nicht oder will sie nicht fühlen, aber in der Seele existiert und wirkt sie. Das ist außerordentlich wichtig, denn es bedeutet, dass die Lösung nur über die Liebe gelingen kann. Wir müssen den Ort finden, an dem die Liebe fließt, müssen diese Liebe sehen und fühlen. Das ist die Aufgabe der Therapie – wenn wir es denn Therapie nennen wollen. Nur dann können wir uns lösen, was bedeutet, den (schmerzhaften) Schritt von der kindlichen Liebe zur erwachsenen Liebe zu gehen.

Manche empfinden die Bindung als Last, die sie loswerden möchten. Das ist sehr verständlich. Wenn zum Beispiel Mutter und Großmutter depressiv waren, hat die Tochter Angst, ebenfalls depressiv zu werden. Sie versucht, sich davon abzugrenzen, anders zu werden. Sie empfindet dieses potenzielle Erbe als Bedrohung. Dieser Ausweg funktioniert aber nicht, sondern ist der sicherste Weg in die Depression. Warum? Wegen der Bindungsliebe, weil die Bindung als Liebe auftritt. Diese Liebe erfordert es, dass wir auf diejenigen zugehen, mit denen wir verbunden sind, und sie umarmen und dass wir uns dem, was wir fürchten, zustimmend stellen. Als Erstes müssen wir uns unserer Herkunft zustimmend stellen, zunächst und in erster Linie unseren Eltern.

Kinderliebe

Rita ist neunzehn, sie geht noch zur Schule. Sie tut dies sehr ungern. Einmal hat sie die Schule schon gewechselt, aber es hat sich nicht viel verändert. Sie meint, es fehle ihr an Selbstbewusstsein und Selbstsicherheit, sie fühle sich total klein und hilflos. Wenn man sie so sieht, möchte man es kaum glauben – sie ist groß, ausnehmend hübsch und spricht hier im Kreise von fast dreißig unbekannten, zumeist viel älteren Leuten sehr klar und scheinbar sicher. Auch lächelt sie ein wenig, als sie von ihren Problemen spricht, als sei sie heimlich stolz auf sich (das sagt mir, dass das Kind in ihr einer geliebten Person aus ihrer Familie im Unglück treu ist und sich damit wohl fühlt). Das versteht sie allerdings nicht, als ich ihr meine Beobachtung mitteile. Ihr Selbstgefühl ist, dass es ihr schlecht geht. Sie fühlt sich nicht angenommen von der Welt. „Wenn ich zu Hause bin, ist alles gut. Da geht es mir prima. Aber sobald ich nach draußen gehe, fühle ich mich unsicher und möchte am liebsten sofort wieder weg. Ich habe auch keinen Freund, es klappt einfach nichts."

Ich bitte sie, aus dem Kreis der Seminarteilnehmer zwei Personen als Stellvertreter auszuwählen und sie im Raum nach ihrem inneren Gefühl an einen Platz zu stellen: eine Person für sie selbst und eine für „die Welt". Sie schaut mich etwas erstaunt an: „Die Welt?" „Ja", sage ich, „nimm einfach jemanden, der die Welt repräsentiert, einen von den Teilnehmern hier, egal ob Mann oder Frau." Sie wählt eine Frau für sich und eine für die Welt und stellt beide auf, etwa drei Meter voneinander entfernt. Die Welt steht Ritas Stellvertreterin mit dem Körper halb zugewandt; mal schaut sie sie freundlich an, mal schaut sie, mit sich selbst beschäftigt, weg.

So stehen beide eine Zeit lang, dann beginnt die Welt, sich langsam zu bewegen. Mit kleinen Schritten erkundet sie den Raum, behutsam tastend. Immer wieder schaut sie freundlich einladend zu Ritas Stellvertreterin, um dann wieder selbstversunken ihre Kreise zu drehen – kleine um sich selbst, große um Rita. Diese schaut sie an – staunend, unsicher, wie hin und her gerissen zwischen dem Impuls, sich der Bewegung anzuschließen, und der Frage: Darf (oder kann) ich denn das? Hilfe suchend schaut sich die Stellvertreterin im Raum um, schaut nach mir, nach der neben mir sitzenden Rita (der Teilnehmerin) und dann wieder nach der Welt. Manchmal legt sie eine Hand an den Mund und beißt sich leicht auf einen Finger – wie ein Kind, das nicht weiß, was es machen soll, das unsicher ist, ob es sich bewegen darf. Rita selbst weint. Nach einer Weile bitte ich sie, jemanden für ihre Mutter aufzustellen.

Kaum steht die Mutter da, bricht Ritas Stellvertreterin in Tränen aus. Sie geht zur Mutter und fällt ihr in die Arme. Beide stehen lange Zeit eng umschlungen, dann lösen sie sich etwas, bleiben, immer noch Arm in Arm, nebeneinander stehen und schauen auf die Welt, die weiter ihre Kreise zieht. Ich nehme Ritas Stellvertreterin von der Mutter weg und bitte sie, ihr zu sagen: „Mama, schau bitte freundlich, wenn ich mich der Welt zuwende und mit ihr glücklich werde." Das fällt ihr schwer, aber nach ein, zwei Wiederholungen gelingt der Satz. Die Mutter ist für kurze Zeit enttäuscht, dann nickt sie: „Es tut weh, aber es ist in Ordnung." An meine Adresse sagt sie dann noch: „Ich bin eine gebrochene Frau." Ich bitte Ritas Stellvertreterin, noch hinzuzufügen: „Ich sehe deine Enttäuschung, und es schmerzt mich. Aber ich lasse das jetzt bei dir." Beide sind erleichtert, und Ritas Stellvertreterin schaut wieder die Welt an. Diese lächelt ihr freundlich zu, einladend, aber unaufdringlich. Ritas Stellvertreterin schaut ihr wie gebannt auf die Füße, die sich in einem gemächlich tänzerischen Schritt bewegen. Lachend, etwas unbeholfen und zögernd noch, versucht sie, in diesen Schritt einzufallen, in Einklang zu kommen. Sie sieht aus wie ein kleines Kind, das einen neuen Tanz lernt und allmählich Spaß daran findet. Auch Rita selbst lächelt vorsichtig.

„Kannst du etwas damit anfangen?", frage ich sie, als die beiden Stellvertreterinnen wieder aus ihren Rollen geschlüpft sind und sich auf ihre Plätze gesetzt haben.

„Irgendwie schon", meint sie zögernd, „aber meine Mutter redet mir nicht rein, sie hat mich längst losgelassen."

„Das glaube ich dir", sage ich, „aber was ist mit *dir*? Hast du *sie* losgelassen? Kannst du sie lassen, mit ihrer Enttäuschung vom Leben?"

„Ach so. Ja, da könnte was dran sein."

„Und bist du jetzt bereit, auf die Welt zuzugehen, mit ihr zu tanzen und von ihr zu lernen?"

„Ich versuchs."

„Okay, das wars dann."

Das wars wirklich, das war die ganze „therapeutische" Arbeit, die ganze „Familienaufstellung". Rita ist entlassen, wieder sich und der Welt überlassen. Dort gehört sie hin, dort ist ihr Platz, und ich, der

Berater oder Therapeut, habe dort nichts verloren. Ich habe ihr etwas gezeigt – nein, noch nicht einmal das, ich habe dazu beigetragen, dass ihr etwas gezeigt wurde und sie sehen und fühlen konnte, wo für sie eine Lösung für ihr Problem liegt. Einige Hinweise habe ich ihr im weiteren Verlauf des Seminars schon noch gegeben, denn wenn jemand sagt: „Ich versuchs", dann ist er noch nicht wirklich bereit für eine Lösung. Das Versuchen dient vor allem der Gewissensberuhigung von Leuten, die (noch) nicht bereit sind, wirklich etwas zu ändern. Aber darauf kann ich sie höchstens hinweisen, der Rest ist allein ihre Sache. Wenn sich der Berater da einmischt, nimmt er dem Klienten etwas weg (und lädt sich selbst etwas auf, was ihm weder gehört noch zusteht; das führt dann zu dem berüchtigten „Burn-out-Syndrom", jenem Gefühl, ständiger Überlastung, unter dem viele professionelle Helfer leiden). Rita hat jetzt ein Bild, das sie leiten kann. Das Bild wird in ihrer Seele wirken, sie braucht es sich nicht einmal zu merken. Sie kann es ruhig vergessen. Je weniger sie bewusst „an ihrem Problem arbeitet", umso kraftvoller wird die Wirkung des Bildes sein.

Vorher hatte sie auch ein Bild, ganz unbewusst: das Bild ihrer traurigen, vom Leben enttäuschten Mutter, der sie treu bleiben und beistehen wollte, während ein Teil von ihr sehnsuchtsvoll-ängstlich auf die Welt schaute, wie sie sich drehte und sie zum Tanz einlud. Die Liebe zur Mutter ließ es nicht zu, dass sie einfach mittanzte, dies wäre dem kindlichen Gewissen wie ein Abfall von der Mutter, wie Verrat vorgekommen. Ohne es zu wissen, sagt sie innerlich zur Mutter: „Wenn die Welt dich enttäuscht hat, will ich auch nichts von ihr wissen. Ich halte mich ihr fern und bleibe bei dir."

Dieses kindliche Gewissen ist sehr mächtig, so mächtig, dass man sich ihm kaum entziehen kann – zumal es unbewusst wirkt. Wir fühlen es als das Gefühl von Schuld und Unschuld. Es steht unserem Wollen oft völlig entgegen.

Wir wünschen uns zum Beispiel eine erfüllte Liebesbeziehung, aber wenn die Eltern in der Liebe gescheitert sind und darunter gelitten haben, gibt es eine Kraft in uns, die die Erfüllung dieses Wunsches verhindert oder, wenn wir uns doch trauen, uns im Innersten schuldig fühlen und vielleicht sogar krank werden lässt. Oder wir zerstören – scheinbar mutwillig –, was uns am Herzen liegt. Es ist nicht einfach nur Mutwillen, der dort am Werk ist. Es ist die kindliche Bindungsliebe, der eines über alles geht: dazuzugehören! Dazuzugehören zur Familie, zur Mutter, zum Vater, zu den Geschwistern, den Großeltern – und hier vor allem zu denen, die ein schweres Schicksal hatten. Diese Bindungsliebe ist die Basis von dem, was wir „mein Gewissen" nennen, und sie steckt die Bahnen unseres Lebens ab.

Auch Ritas Gefühl, nicht gut genug zu sein, überall zu versagen (das übrigens im krassen Widerspruch zu ihren tatsächlichen Leistungen in der Schule oder ihrer Fähigkeit, sich in diesem Kurs zu artikulieren, steht), hängt mit dieser Verstrickung zusammen. Das eigentliche Versagen besteht darin, dass sie es nicht geschafft hat, der Mutter zu helfen, sie aus ihrer Depression zu holen. Ähnlich war es schon bei ihrer älteren Schwester, die ein halbes Jahr vorher bei mir war. Auch sie traute sich nichts zu, wusste nicht, welchen beruflichen Weg sie einschlagen sollte, fühlte sich überall überfordert. Die Aufstellung deckte auf, was hinter ihrem Versagergefühl steckte: Die Eltern hatten sich getrennt, und sie, die älteste Tochter, hatte es nicht geschafft, dies zu verhindern. Ich begegne diesem Muster immer wieder bei Menschen, die sich als unfähig, schwach, unwert, erschöpft erleben: Sie haben es nicht geschafft, ihre Eltern oder deren Beziehung glücklich zu machen.

So erging es auch Kurt, einem vielseitig begabten, gut aussehenden Mann Mitte dreißig. Nach zwei Aufstellungen war in sein Berufsleben eine gewisse Kontinuität mit zaghaften Erfolgen gekommen, was eine erhebliche Verbesserung gegenüber dem vorherigen Zustand darstellte. Aber die Frauen verließen ihn immer noch nach einiger Zeit, obwohl seine Sanftheit in Verbindung mit einer tiefen Stimme und einem groß gewachsenen, kräftigen Körper sie sehr anzog. Also war er noch einmal gekommen und hatte mir erzählt, dass er auch sexuelle Probleme habe – eine sexuelle Vereinigung kam immer nur mit starker Nachhilfe der Partnerin zustande. Bis zur Vereinigung war alles bestens, aber dann machte er buchstäblich schlapp. Später, wenn die Hürde mithilfe der Partnerin überwunden war, ging es dann wieder.

Ich konnte mir zunächst keinen Reim darauf machen und stellte ihn allein auf. Ich sah eine tiefe Traurigkeit in seinem Gesicht und stellte eine Person hinzu „für das, was dich traurig macht". Die Traurigkeit wurde tiefer, sein Körper leicht unruhig. Dann sah ich plötzlich, dass es um die Mutter ging. Ich stellte sie dazu, und er begann, leicht zu weinen.

„Sag zu ihr: ‚Mama, ich habe versagt'", schlug ich ihm vor.
Er sagte es und begann heftig zu weinen.
„Ich habe es nicht geschafft, dich glücklich zu machen."

Dies brach den Bann vollends, er wurde von heftigem Weinen erschüttert. Das war die Wurzel seiner Versagensangst, die sich sogar in seinem Körper festgesetzt hatte. Die Eltern hatten sich getrennt, als er achtzehn war, aber die Mutter war schon lange vorher nicht mehr glücklich gewesen in der Beziehung, und der Sohn wollte sie glücklich machen – natürlich vergebens.

Ist es die Aufgabe von Kindern, ihre Eltern glücklich zu machen, deren Leben Sinn zu geben, ihre Ehe zu retten? Natürlich nicht. Manchmal beklagen (längst erwachsene) Kinder sich, dass ihre Eltern genau dies von ihnen erwartet oder sie sogar dazu benutzt haben. Dies mag in vielen Fällen stimmen, ist jedoch für die Lösung völlig unerheblich. Im Gegenteil: Wenn man dieser vorwurfsvollen Haltung Raum gibt und vielleicht sogar, wie viele Therapien es tun, ihren emotionalen Ausdruck fördert, verfestigt man das Problem. Dann bleibt nämlich das Kind das Opfer, und Opfer sind per definitionem hilflos und ohnmächtig und können daher auch nichts ändern. Handlungs- und lösungsfähig sind nur „Täter". Gerade da, wo es im äußeren Geschehen eine klare Täter-Opfer-Konstellation gibt, muss der Therapeut dem Opfer zumuten, seinen Beitrag zum Geschehen zu sehen und anzuerkennen. Im vorliegenden Fall ist es so, dass es letztlich die Liebe des Kindes ist, die die Eltern retten *will*. Daher kann die Lösung nur bei dieser Liebe ansetzen und gelingen.

Ritas und Kurts Aufstellungen zeigen den grundsätzlichen Weg (der in anderen Fällen immer eine jeweils eigene Gestalt hat), wie man sich aus dieser Verstrickung, diesem Bann lösen kann (von Kurt weiß ich inzwischen, dass die Aufstellung gewirkt hat). Nicht, indem Rita sich von der Mutter abwendet. Nicht, indem sie etwa sagt: Damit will ich nichts zu tun haben. Auch nicht, indem sie sagt: Ich mache es besser. All dies würde sie nur noch stärker bannen. Je mehr ich mich dem Schicksal meiner Familie entziehen will, umso mehr gerate ich in den Bann dieses Schicksals, denn mein Gewissen, die kindliche Bindungsliebe (die auch dort wirkt, wo äußerlich Streit, Kampf, Hass oder Kälte dominieren), lässt den Abfall im Bösen nicht zu. Die einzige Lösung ist ein Abfall im Guten.

Dieser Abfall im Guten ist jedoch sehr schmerzhaft, deshalb vermeiden wir ihn. In ihm erleiden wir den Schmerz, den die Begegnung mit der Wirklichkeit, mit dem Sosein des Lebens und der Welt, in uns auslöst. Und den Schmerz, den die Liebe mit sich bringt, und den nur die Liebe aushalten kann. In diesem Fall ist es ganz konkret der Schmerz des Verzichtes: Das Kind muss darauf verzichten, der Mutter zu helfen. Darin liegt auch der Schmerz des Ego, das auf diese Weise gestutzt wird. Es muss nämlich erkennen, dass es viel zu klein ist, um eine so große Aufgabe bewältigen zu können. Nicht nur die Relation zwischen Kind und Eltern, sondern auch die zwischen dem Ich und der Welt wird damit in Ordnung gerückt. Wer dies in Liebe aushält, wird innerlich geläutert und verwandelt. (Im Übrigen: Auch die Welt können wir nicht retten, sie ist, wie die Eltern, viel zu groß für uns. Die Idee, die Welt zu retten oder die Menschheit zu erlösen oder zu verbessern, entspricht dem kindlichen Bedürfnis, die Eltern zu retten oder zu ändern; und nicht selten steckt dahinter ganz konkret eine entsprechende familiäre Konstellation).

Rita muss also ihre Mutter anschauen, ihre Liebe zu ihr fühlen und der Tatsache ins Auge schauen, dass sie ihr nicht helfen kann; dass sie liebt und in ihrer Liebe völlig hilflos ist. Das kann gelingen, wenn sie erkennt, dass die Mutter ebenfalls liebt. Wenn sie ihr also in die Augen schaut und sagt: „Mama, wenn die Welt dich enttäuscht hat, will ich auch nichts von ihr wissen. Ich halte mich ihr fern und bleibe bei dir", dann wird sie sehen, dass es der Mutter mit diesem Satz nicht besser, sondern schlechter geht. Denn keine Mutter möchte, dass ihr Kind ihr eigenes Leid weiterträgt. Damit würde ja alles nur noch schlimmer. Wenn das Kind jedoch sagt: „Mama, ich sehe deinen Schmerz (oder was immer es ist), ich achte ihn und lasse ihn – mit Liebe – bei dir", dann reagiert die Mutter erleichtert. Aber für das Kind ist es sehr, sehr schwer, diesen Satz zu sagen. Denn in diesem Satz begegnen wir einer grundlegenden und sehr schmerzhaften Tatsache: der Tatsache, dass wir uns dem Leben so fügen müssen, wie es ist. Mehr noch: Wir müssen uns ihm hingeben, uns ihm ganz geben. Denn wer sich einem Tanz nur widerstrebend oder resignierend fügt, der tanzt in Wirklichkeit nicht. Nur wer sich der Musik und dem Rhythmus ganz überlässt, kommt in den Genuss des Tanzes.

Es ist manchmal schrecklich zu sehen, wie weit die Bindungsliebe geht. Auch da, wo jemand unzweifelhaft das Opfer der Willkür eines anderen oder einer Gruppe ist, wirkt im Verborgenen diese Liebe. Das heißt, das Opfer opfert sich (unbewusst) aus Liebe (Treue) zu einer Person aus der Familie, die ein ähnliches Schicksal hatte, oder, z. B. beim Inzest, um der Mutter ein solches Schicksal zu ersparen oder dem Vater sein Schicksal zu erleichtern.

In einem der ersten Seminare, die ich geleitet habe, war eine Frau mit einer schweren Familiengeschichte, nicht wenige würden sie wohl als Horrorgeschichte bezeichnen. Ihr Vater hatte sie (und, wie ich allerdings erst später erfuhr, auch ihre Geschwister beiderlei Geschlechts) vom vierten Lebensjahr an auf schwerste Weise sexuell missbraucht. Er hatte nichts und niemanden ausgelassen. Mit vierzehn hatte sie ihm, mit einem Küchenmesser in der Hand, Einhalt geboten. Er hatte sie nicht mehr angefasst, aber sich gut zehn Jahre später an ihrer Tochter vergriffen. Darauf hatte sie ihn angezeigt, und er war zu einer Gefängnisstrafe und zum Kontaktverbot mit der Familie verurteilt worden. Als ich die Familie aufstellte, war in den Augen ihrer Stellvertreterin sofort zu sehen, dass sie den Vater liebte. Ich setzte mich neben die Frau, schaute sie an und sagte:

„Du liebst deinen Vater ja!“

Einen Moment war Stille, man hätte eine Nadel fallen hören können, dann sagte sie:

„Ja.“

Dann kamen die Tränen.

Sie liebte ihren Vater, trotz allem. Sein Verhalten war durch nichts zu rechtfertigen, und doch war und blieb er ihr Vater. Er war aus der Familie getilgt, wenn überhaupt von ihm die Rede war, hieß er nur „das Schwein“, und alle litten sie darunter. Alle, nicht nur er! Viel mehr als unter seinen Taten litt Petra darunter, dass sie glaubte, ihn nicht lieben zu dürfen. Es war nicht leicht, für mich als Gruppenleiter nicht und erst recht nicht für sie und ihre Familie, aber sie schaffte es, beides auseinander zu halten und damit „in Ordnung“, in die rechte Ordnung, zu bringen: Die Tatsache, dass er ihr Vater und sie seine Tochter war und dass sie den Vater als Tochter haben und lieben durfte, und die Tatsache, dass ihr geliebter Vater ein Kinderschänder war, der ihr selbst, ihren Geschwistern und ihrer eigenen Tochter schwere körperliche und seelische Schmerzen zugefügt hatte, um seiner Lust Willen. Sie konnte den Stellvertreter ihres Vaters in der Aufstellung anschauen und ihm beides sagen, sie konnte ihn als Vater nehmen und als Sexualpartner zurückweisen und die Schuld bei ihm lassen. Und einige Jahre später, anlässlich des Todes ihrer Mutter, konnte sie ihm auch wieder leibhaftig gegenübertreten – wie sie sagt, mit Distanz, aber ohne Hass und ohne Groll. Ich habe später auch mit ihrer Tochter gearbeitet, die damals krank war und die heute voll und gesund im Leben steht, und auch mit ihrem Mann, dem es gut tut zu sehen, das Frau und Tochter den Vater nehmen und lassen können, wie er ist, und der jetzt zustimmen kann, dass in seinen Kindern auch dieser Schwiegervater weiterlebt.

Was ist hier die Ordnung, die Ordnung der Liebe? Dass Kinder ihre Eltern lieben, ganz gleich, was diese getan oder unterlassen, verbrochen oder geleistet haben. Man mag fragen: „Hat der Vater denn das verdient?" oder „Jetzt soll die Tochter ihn auch noch lieben!?", aber darum geht es nicht. Es geht um die Tochter (wenn sie die Klientin ist) und darum, was für *sie* lösend ist, was *sie* mit sich in Einklang bringt, was *ihrer* Seele Frieden bringt. Hier war das vollkommen klar.

Interessanterweise schauen viele von denen, die sich – vorgeblich – für Missbrauchs- (und andere) Opfer engagieren, in eine andere Richtung. Anstatt auf das, was den Betroffenen hilft, in Frieden zu kommen, schauen sie auf die Tat und den Täter. Im Falle von Petra war es so, dass sie sich durch Malen mit ihrem Erleben auseinander gesetzt hatte – sie hatte den Missbrauch auf Leinwand gebannt, um sich seiner damit zu entledigen. Das Frauenhaus in ihrer Heimatstadt hatte großes Interesse an ihren Bildern und wollte eine Ausstellung veranstalten. Dazu wollte Petra noch einige Bilder malen, doch dann kam die geschilderte Aufstellung dazwischen. Nach der Aufstellung malte sie – aber sie malte nicht mehr den Missbrauch, sondern seine Überwindung. Sie malte plötzlich einfach schöne, zarte Bilder über die Liebe und andere Themen. Es machte ihr Spaß, sie fing an, eine neue, positive Welt zu entdecken. Mit diesen Bildern wollte das Frauenhaus dann keine Ausstellung mehr machen, die Überwindung des Missbrauchs war für die engagierten Frauen kein Thema. Sie wollten den Missbrauch, nicht die Lösung. Petra hat sich zuerst darüber geärgert, aber dann hat sie gesehen, dass es so ist, dass die Frauen an *Opfern* interessiert waren – aber sie war kein Opfer mehr. Das Frauenhaus brauchte sie nicht mehr, und sie brauchte das Frauenhaus nicht mehr.

Das Thema „sexueller Missbrauch“ oder Inzest ist äußerst komplex, und den Opfern ist mit nichts weniger gedient als mit der üblichen Entrüstung und eifernder Täterverfolgung. Ich rede hier von der psychologischen Ebene und davon, was dem Opfer wirklich hilft, nicht von der rechtlichen Ebene, auf der der Täter zur Verantwortung gezogen werden muss. Die Schuld liegt immer beim Erwachsenen. Aber für eine Lösung *für das Kind* ist es wichtig, auch *dessen* seelische Verstrickung zu sehen. Manchmal entstehen zwischen Vater und Tochter (um einmal den üblichsten Inzestfall zu nehmen) regelrechte Liebesbeziehungen. Eine Klientin, Mutter von vier Kindern, hat mir einmal gesagt, die sexuelle Beziehung zu ihrem Vater sei die schönste Liebesbeziehung gewesen, die sie je hatte. Häufig ist auf beiden Seiten Liebe im Spiel, und manchmal auch Lust – auf beiden Seiten. Es ist wichtig, dass das Kind das anerkennt, dass die Frau, die dies erlebt hat, sich eingesteht, dass auch Lust dabei war (wenn es so war). Dieses Eingeständnis wirkt immer erleichternd. Aber auch dort, wo das Kind den Übergriff nur erleidet, ist versteckt Liebe dabei. Manchmal ist es Liebe zur Mutter, die nicht mehr mit dem Vater schlafen will, wo das Kind sich quasi für sie opfert – dann hilft der Lösungssatz: „Mama, für dich habe ich es gerne getan.“ Manchmal ist es die Verbundenheit mit einer Ahnin, die Ähnliches erlitten hat. Und manchmal ist es die Liebe zum Vater, zum Täter – das Kind „sieht“ (auf einer tiefen seelischen Ebene, die dem äußeren Erleben durchaus widersprechen kann) seine Einsamkeit und will ihn retten oder trösten, um jeden Preis.

Der Therapeut oder Berater kann dies nur sehen, wenn er sich innerlich nicht auf die Opfergeschichte einlässt und nicht für das Opfer Partei ergreift. Wenn er dies nicht kann, verstrickt er die Klientin noch mehr. Dies scheint mir in vielen Fällen zu gelten, wenn Frauen mit dreißig oder vierzig Jahren in einer Therapie „entdecken“, dass ihr Vater sie missbraucht hat. Es gibt eine Vielzahl von Möglichkeiten, wie sich solche „therapeutischen Erinnerungen“ erklären lassen.

Wer im Sinne moralischer Entrüstung mit Fingern auf die Täter zeigt, kann dem Opfer nicht helfen. Nur aus der inneren Distanz heraus lässt sich erkennen, wem das Opfer in seinem Opfersein treu ist, wem es in Liebe folgt oder für wen es in Liebe etwas übernimmt. Wenn man dies ans Licht bringen kann, erhält das Opfer seine Würde als Mensch zurück. Das scheint sehr merkwürdig, aber nur auf den ersten Blick: Indem jemand seinen eigenen Anteil am Geschehen sieht und anerkennt, kommt er in eine aufrechte Haltung. Er (oder sie) ist nicht mehr ein gekrümmtes, erniedrigtes Opfer, sondern übernimmt eine aktive Rolle. Dieses Aktive ist meistens eine in der Tiefe der Seele wirkende Liebe, und das Anschauen und Fühlen dieser Liebe heilt.

Die Eltern

„Knie dich vor den Vater, die Stirn auf den Boden, die Handflächen nach oben!" Die Stimme ist sanft, der Gesichtsausdruck freundlich und mitfühlend, aber es besteht nicht der leiseste Zweifel, dass es hier um alles geht und Ausflüchte zwecklos sind. Entweder du tust, was die Stimme sagt, oder du lässt es. „Sag zum Vater: ‚Ich bin es nicht wert, dein Sohn zu sein. Nimm mich als deinen Knecht.'" Im Saal herrscht atemlose Stille, und nicht wenigen der fünfhundert Zuschauer dürfte der Atem vor Schreck und Spannung gestockt haben. Sie schätzen den Mann dort auf der Bühne, manche verehren ihn sogar, und die meisten kennen seine Arbeit aus dem *Effeff* und praktizieren sie selbst – aber geht er jetzt nicht zu weit? Kann, darf man als Therapeut so etwas einem Klienten zumuten?

Den Mann auf der Bühne kümmern solche Fragen kaum. Ihm geht es um Lösungen für den Klienten. „Erlaubt ist, was wirkt", könnte man seinen Ansatz etwas überspitzt charakterisieren, und dies hier scheint zu wirken. Der junge Mann, mit dem er arbeitet, wird von einem tiefen Weinen erschüttert, während er vor dem Mann kniet, der als Stellvertreter seinen Vater darstellt. Als er nach einiger Zeit den Kopf hebt und aufsteht, scheinen Zentner von ihm abgefallen zu sein. Er fällt dem Vater – einem Alkoholiker, den er immer bekämpft und, in Stellvertretung der Mutter, sogar verprügelt hat – befreit in die Arme. Beide lachen und weinen zugleich mit glücklichem Gesicht. Das Publikum atmet auf, viele sind zutiefst gerührt: Hellinger hat mal wieder Recht gehabt, das richtige Gespür und den Mut, bis zur äußersten Grenze zu gehen. So lieben sie ihn.

Bert Hellinger, der Mann auf der Bühne, benutzt gerne große, altmodisch klingende Worte wie Würde, Ehre, Andacht, Ehrfurcht, Seele. Für viele, die nicht genau hinschauen und hinhorchen, macht ihn das verdächtig: „Diese Worte bringen in der Seele etwas zum Schwingen", sagt er, „sie bewegen etwas, stoßen etwas an." Szenen wie die geschilderte nähren bei oberflächlicher Betrachtung natürlich zusätzlich den Verdacht, dass hier ein alttestamentarischer Patriarch am Werk sei, und wenn man dann noch hört, dass er früher einmal Priester und Missionar war, ist das Klischee perfekt. Aber er ist nichts weniger als das. Das Familien-Stellen hat mit der Anerkennung von Wirklichkeiten zu tun, es bringt verborgene Wirklichkeiten ans Licht und konfrontiert den Teilnehmer mit dem, was ist, und dem, was man vielleicht tun kann, um seine Not zu wenden. Und nicht selten sind es archaisch wirkende Sätze und Bewegungen wie diese, die die Lösung aufzeigen.

Müssen wir also „Vater und Mutter ehren", wie es uns die Bibel vorschreibt? Ja, wir müssen es! Aber wir müssen es nicht um unserer Eltern willen, wir müssen es auch nicht wegen der Bibel oder sonst einem heiligen Buch – wir müssen es um unserer selbst willen. Wer seine Eltern massiv ablehnt, bestraft sich selbst, weil seine Seele – egal, was sein Verstand dazu sagt – dies nicht zulässt.

Wir laufen Gefahr, Aussagen wie die über das Verhältnis von Kindern zu Eltern moralisch zu verstehen, weil wir alle von Moral durchtränkt sind. Das „Du sollst Vater und Mutter ehren" steckt jedem von uns als religiös-moralische Forderung buchstäblich in den Knochen. Worauf es ankommt, ist nicht das „Du sollst", sondern das wirkliche Verhältnis von Eltern und Kind. Und das wirkliche Verhältnis ist das, dass die Eltern das Leben geben und die Kinder es nehmen. So *ist* es, völlig unabhängig von dem, was beide, Eltern wie Kind, wollen, sich denken oder sich wünschen.

Bevor Sie jetzt weiterlesen, schlage ich Ihnen eine kleine Übung vor. Achten Sie darauf, dass Sie die nächsten fünf Minuten nicht gestört werden. Lesen Sie die folgende, kurze Anleitung, dann legen Sie das Buch aus der Hand, setzen sich entspannt hin und schließen die Augen.

Lassen Sie vor Ihrem inneren Auge ein Bild Ihrer Eltern entstehen, wie sie etwa ein bis zwei Meter vor Ihnen stehen, nebeneinander. Das Bild braucht nicht scharf zu sein, es genügt, wenn Sie es fühlen. Machen Sie keinen Versuch, die Eltern zu fixieren, lassen Sie das Bild einfach so, wie es sich ergibt. Falls Sie Ihren Vater oder gar beide Eltern nicht kennen, nehmen Sie sie einfach als Präsenz wahr. Und dann warten Sie. Spüren Sie einfach nur, dass dies Ihre Eltern sind, die beiden Menschen, aus denen Sie hervorge-

gangen sind, aus denen Sie zusammengesetzt sind, deren Mischung Sie sind.

Dann weiten Sie den Blick und öffnen ihn für die Eltern Ihrer Eltern. Stellen Sie sich vor, hinter Ihrem Vater stehen dessen Eltern (aus denen er hervorgegangen ist) und hinter Ihrer Mutter deren Eltern. Und nach einer Weile lassen Sie den Blick noch weiter werden, zu den Urgroßeltern, deren Eltern, deren Eltern …, bis Sie einen unendlich scheinenden Strom von Menschen spüren, der sich in der Tiefe der Zeit verliert. Durch diesen Strom ist das Leben geflossen, mit allen Höhen und Tiefen, mit allen schrecklichen und allen schönen Seiten, bis zu Ihnen. Es ist Ihr Lebensstrom, und alle, die dort stehen, gehören dazu.

Wenn Sie möchten, können Sie sich jetzt innerlich vor all diesen Eltern verneigen oder sich mit dem Rücken an Ihre Eltern anlehnen. Wenn es Spannungen gibt, nehmen Sie sie einfach wahr. Warten Sie noch eine kleine Weile, und dann öffnen Sie die Augen.

Wenn wir uns an das Sichtbare halten und nicht darüber spekulieren, philosophieren oder theoretisieren, woher das Leben kommt, wer wir sind und warum wir so sind, wie wir sind, können wir nur dies sagen: Wir kommen von unseren Eltern und sind, was wir sind, durch sie – und zwar jenseits aller Erziehung, jenseits unserer Kindheitserfahrungen und deren Verinnerlichung. Das Gleiche gilt für die Eltern: Auch sie sind, was sie sind, durch ihre Eltern. Sich dies zu vergegenwärtigen, kann bereits der erste Schritt zur Versöhnung mit den Eltern sein – und damit zur Versöhnung mit sich selbst, mit dem, der man ist. Denn, wie gesagt: Wir sind unsere Eltern.

Ich gebe Ihnen dazu noch ein Bild. Stellen Sie sich vor, vor Ihnen steht ein Tor, durch das das Leben zu Ihnen gekommen ist. Ihre Eltern sind die beiden Torsäulen, die sich im Torbogen einander zuneigen und sich verbinden. Durch die „Zueinander-Neigung" (Zuneigung) der beiden Säulen entsteht erst das Tor – vorher waren sie nur zwei einzelne Säulen, jetzt sind sie verbunden und bilden zusammen etwas Neues. Zwei Säulen, einander zugeneigt, bilden ein Tor; zwei Menschen, einander zugeneigt, bilden ein Paar. Für jeden von uns gibt es nur dieses eine Tor, dieses eine Paar, durch das uns das Leben erreicht hat: exakt diesen Vater und exakt diese Mutter. Und hinter jedem von ihnen steht wieder ein Tor, gebildet aus ihrem Vater und ihrer Mutter. Und so weiter und so fort, Tore um Tore, Eltern um Eltern, Hunderte, Tausende, Zigtausende, und durch diese Tore fließt ein endloser Strom, der sich in der Tiefe der Zeit verliert. Ein gewaltiger Strom, der alle Höhen und Tiefen, alle Freuden und Leiden, alle Schicksale des Menschlichen in sich trägt und, über Ihre Eltern, bis zu Ihnen getragen hat. Wenn Sie sich innerlich vor diesen Strom stellen und ihn hinter sich spüren, dann können Sie wahrnehmen, dass alles, was Ihre Vorfahren sind, in Sie hineingeflossen ist. Und wenn Sie dem vollkommen zustimmen, sich gegen nichts sperren, dann sind Sie in Einklang – mit sich, mit Ihren Eltern, Ihren Ahnen und damit in Einklang mit der Welt.

Nicht selten beklagen sich Teilnehmer meiner Seminare darüber, dass ihre Eltern sie nicht gewollt hätten. Dies zieht sich dann als feste innere Überzeugung durch das ganze Leben: „Keiner will mich", „Ich bin hier zu viel", „Ich bin eine Last" etc. Man kann diesen Menschen noch so oft sagen, dass sie willkommen sind, es wird nicht viel nützen, sie werden es nicht glauben. Nicht die Wirklichkeit bestimmt ihr Verhalten, sondern das Bild, das sie sich von ihr gemacht haben (das gilt für jeden).

Wenn wir in solch einem Fall auf die Wirklichkeit schauen, dann ist es so, dass das Kind zur Welt gekommen ist. Vielleicht, in vielen Fällen mit Sicherheit, gehört es auch zur Wirklichkeit, dass die Eltern sich belastet fühlten, vielleicht an Abtreibung gedacht haben, aus welchen Gründen auch immer. Seit Schwangerschaft und Kinderkriegen nicht mehr als unvermeidliche Naturereignisse genommen werden, sondern unserer mehr oder weniger freien Entscheidung anheim gegeben sind, ist auch der Zweifel und das Abwägen des Für und Wider mit dabei. Wenn ein Kind jedoch nur oder hauptsächlich auf den Zweifel, das „Mich-nicht-haben-Wollen" schaut, blendet es das Ergebnis, das tatsächliche Geschehen, das, was sich am Ende tatsächlich *ergeben* hat, aus.

Die Frage ist, was mehr Gewicht hat: der Zweifel, die Überlegungen dafür und dagegen oder die Handlung selbst bzw. das Ergebnis. Genau betrachtet ist dies keine Frage: Das Kind wurde zur Welt gebracht, und nur aufgrund dieser Tatsache sitzt es jetzt hier (und kann sich beklagen). Wenn man auf die ganze Wirklichkeit schaut, auf das, was sich wirklich ergeben hat, wie auf die Zweifel, Ängste, Sorgen etc., die dem vorausgingen, dann bekommt die Tatsache, dass die Mutter es trotzdem ausgetragen hat, sogar noch mehr Gewicht.

Für jeden von uns gilt: Die Eltern haben gegeben. Jetzt ist es an uns, das Gegebene zu nehmen. Das ist die Ordnung: Eltern geben, Kinder nehmen. Das ist die Ordnung, weil es so ist. Eigentlich können wir uns noch nicht einmal dagegen wehren. Wir werden ohne unsere Zustimmung geboren, und solange wir es nicht wegwerfen, haben wir das Leben immer schon genommen. Was wir können, ist, dem uns Gegebenen unsere Zustimmung verweigern, es herabsetzen, uns seiner zu entledigen trachten. Wir können – und tun dies auch – auf jede erdenkliche Weise mit dem Gegebenen hadern. Es nützt uns nur nichts, denn das Gegebene ist gegeben! Wer dagegen Sturm läuft oder still darunter leidet oder therapeutisch daran arbeitet, gehört zu denen, die sich an der Wirklichkeit „ab-arbeiten". Am Ende sind sie abgearbeitet – aber die Wirklichkeit bleibt unberührt.

Was geben die Eltern? Zuerst und vor allem anderen: das Leben. Einige Dinge sind dabei zu beachten.

Erstens: Sie können es nur so weitergeben, wie sie es selbst bekommen haben. Das Leben kommt nicht *von* den Eltern, es kommt *durch* die Eltern. Wo es herkommt, wissen wir nicht. Letztlich ist und bleibt es ein Geheimnis. Was immer die Wissenschaft noch entdecken wird, es wird ein Geheimnis bleiben. Selbst wenn sie die Zutaten finden und lebende Organismen zu produzieren in der Lage sein sollte, wird sie nicht erklären können, wie es ursprünglich dazu gekommen ist. Jede Erklärung ruht auf dem Unerklärlichen. Wir können es nennen, wie wir wollen: Gott, Ursuppe, Urknall – alles nur Erklärungen, Theorien oder Worte, die das Unerklärbare, das Unerkennbare, das Geheimnis verschleiern.

Was besagt es, wenn die Wissenschaft heute annimmt, die Welt sei aus dem Urknall entstanden? Doch nur, dass wir jetzt zu wissen *meinen*. Jeder sagt „Urknall" und meint, damit sei das Geheimnis gelöst und er hätte verstanden. Abgesehen davon, dass viele nur nachplappern, was „die Wissenschaft" erzählt, ohne auch nur das Geringste davon zu verstehen (d. h. wir *glauben* heute auf naturwissenschaftlichem Gebiet den Wissenschaftlern genauso wie unsere Vorfahren den Priestern), kann auch die Wissenschaft die entscheidenden Fragen nicht erklären: Woher kommt denn der Urknall? Was war davor? Nichts? Es kann nur Nichts gewesen sein, denn wenn davor schon Etwas war, ist der Urknall nicht der Anfang. Aber: Wie kann aus Nichts Etwas werden? Wie kann Nichts einen Knall (also ein Etwas) hervorbringen? Kann das ein Wissenschaftler erklären? Nein, weder heute noch in tausend Jahren. Und wenn es nicht Nichts war, sondern, wie Stephen Hawkings meint, ein winziger Punkt unendlich dichter Energie: Wo kommt diese her? Wie ist sie entstanden? Was hat sie zur Explosion gebracht? Wo kommt dieses Etwas her? Die Fragen hören nie auf, das Geheimnis bleibt.

Also: Das Leben kommt aus dem Unbekannten, über eine unermesslich lange Reihe von Ahnen, durch unsere Eltern zu uns. Wir sind das vorläufig letzte Glied einer Kette, die in grauer Vorzeit begann, die vielleicht sogar ohne Anfang ist. Die Kette ist geknüpft aus Nehmen und Weitergeben, wobei sich niemand aussuchen kann, was er nimmt und was er gibt. Er nimmt immer das Ganze und gibt immer das Ganze. An beiden Enden kann er nichts wegnehmen. Wenn mein Urgroßvater rote Haare hatte, hat mein Vater davon genommen und weitergegeben, und er hatte keine Wahl – ob ihm rote Haare nun gefallen oder nicht. Wenn mein Großvater ein Mörder und seine Mutter eine Hure war, ist auch das ein Teil der Kette. Es gehört zu dem dazu, was mir vorgegeben ist, ich kann es nicht tilgen. Tatsächlich hat es, wenn man es versucht, schlimme Auswirkungen, wie ich später ausführlich zeigen werde. Das Leben nehmen heißt also, die Eltern und deren Eltern usw. nehmen, wie sie sind. Wir kommen nicht um sie herum. Von der Quelle zu nehmen bedeutet, den ganzen Fluss zu nehmen. Darin liegt die volle Kraft.

Zweitens: Das Wichtigste ist, dass die Eltern das Leben überhaupt weitergegeben haben. Deshalb existieren wir. Aussagen wie: „Mein Vater ist nur mein Erzeuger“ oder „Ich habe nichts von meinen Eltern bekommen“ oder „Sie haben sich nur um das Geschäft gekümmert“ ignorieren das Wesentliche: dass sie das Leben gegeben haben. Worauf schaut jemand, der so spricht? Er schaut auf ein Wunschbild, auf eine Idee, wie es hätte sein sollen. Er schaut nicht auf das, was ist. Er schaut, als hätte er einen Anspruch, „ein Recht auf …“. So etwas gibt es in der Politik (historisch gesehen: neuerdings), aber nicht im Leben. Vor allem aber setzt dieses Wunschbild das Wichtigste immer als selbstverständlich voraus. Es tut so, als sei die bloße Tatsache, dass wir gezeugt und geboren wurden, nebensächlich.

Die psychische Wirkung, die eine solche Haltung hat, ist verheerend: Man bleibt nämlich immer im Defizit, immer in der Bedürftigkeit, immer in Armut. Wer auf das schaut, was ihm fehlt, bleibt immer arm. Er starrt immer auf eine Fata Morgana. (Das gilt auch, wenn das Fehlende nichts Materielles, sondern so etwas Großes wie Liebe oder Erleuchtung ist.) Nur wer auf das schaut, was er hat, ist gesättigt. Was wir haben, ist das Leben. Und wir haben es von unseren Eltern. Deshalb sollten wir Vater und Mutter ehren – wir ehren damit nämlich die Tatsache, dass wir sind. Und damit geht es uns wesentlich besser, als wenn wir unser ganzes Leben lang in kindlichen Ansprüchen oder kindlicher Verweigerung verharren.

Hellinger nennt das „die Ordnung". Das klingt apodiktisch, wie wenn einer ein Gesetz verkündet. Aber ist es nicht so? Wer könnte sich dem wirklich entziehen? Man kann sich gegen die Einsicht sträuben, aber das ist der Wirklichkeit ziemlich egal. Wir haben das Leben von den Eltern, wie diese es von ihren Eltern haben. Daraus folgen eine Menge Dinge, zum Beispiel, dass man seine Eltern nicht „beeltern", dass man sie nicht wie Kinder behandeln darf. Viele Kinder tun das, wenn die Eltern älter werden. Sie sorgen nicht für sie wie Kinder, sondern so, als ob die Eltern Kinder wären. Auch das ist gegen die Ordnung, denn man stellt sich dabei über die Eltern, wo man doch eigentlich unter ihnen stehen müsste. Manche meinen, die Eltern wollten dies so oder es gehe nicht anders, aber das stimmt ganz und gar nicht. Die Eltern wollen als die Großen geachtet sein, die sie gegenüber ihren Kindern immer waren und immer sein werden.

Dazu gehört auch, dass man ihnen ihr Schicksal zumutet und ihre Verantwortung für das eigene Leben lässt. Man kann ihnen bei Dingen helfen, die sie allein nicht mehr tun können, aber man darf niemals in ihre Verantwortung eingreifen. Es gehört zu jedermanns Würde – also auch zur Würde der Eltern oder anderer Personen, die man liebt –, dass sie über ihr Leben selbst bestimmen. Und wenn jemand entscheidet, dass er einem Problem lieber dadurch begegnet, dass er es ignoriert oder verdrängt oder krank wird oder gar aus dem Leben geht, so gehört auch das zu seiner Würde. Hilfe, die nicht erbeten wird, entwürdigt. Ich gebe meinen Teilnehmern in Abwandlung eines Bibelwortes dazu gerne einen unchristlichen Rat: Jeder trage nur seine eigene Last und lasse die Finger von der der anderen!

Wer dies sehen und praktizieren kann, folgt allerdings schon einer höheren, quasi erwachsenen Liebe. Die einfache, kindliche Liebe, der wir unbewusst zunächst alle folgen, ist gegenüber diesen Einsichten blind. Sie meint, sie könnte einen geliebten Menschen dadurch retten, dass man sich einmischt, ja, dass man sogar an seiner Stelle selbst leidet. Wie kann ich es mir gut gehen lassen, sagt diese kindliche Liebe, die wir als Gewissensstimme vernehmen, wenn meine Mutter so leidet oder so schlimm gelitten hat? Wie kann ich die Liebe eines Mannes nehmen und die Sexualität genießen, wenn meine Mutter vergewaltigt, geschlagen oder sonst wie in ihrer Liebe verletzt wurde? Verrate ich sie dann nicht? So spricht die kindliche Liebe in uns, und diese Liebe ist sehr mächtig. Sie hat zwar nicht Recht, aber wenn wir uns ihr nicht stellen, wenn wir diese Stimme einfach überhören, setzt sie sich unbewusst umso klarer durch. Daraus entstehen dann jene Verstrickungen, die zu fortgesetztem Leid über Generationen hinweg führen. Wir erleiden die gleichen Krankheiten, übernehmen die gleichen Süchte, entwickeln die gleichen Beziehungsmuster wie der Elternteil, von dem wir nichts nehmen oder uns abgrenzen wollen.

Die weitere Herkunftsfamilie (oder die Sippe)

Die Bindung an die Familie reicht weit über die Eltern hinaus. Sie umfasst auch die Geschwister (lebende wie tote einschließlich tot geborene), Halbgeschwister, die Geschwister und Halbgeschwister der Eltern (einschließlich solcher, die schon vor unserer Geburt gestorben sind), die Großeltern usw. Außerdem gehören dazu frühere Partner der Eltern (Geschiedene, Verlobte, früh Verstorbene) und Großeltern sowie Personen, die durch ein besonderes Schicksal oder eine besondere Tat (z. B. Mord, Vergewaltigung, Kriegsverbrechen) mit einem Familienmitglied untrennbar verbunden sind. Die Verstrickungen mit der Herkunftsfamilie oder Sippe können viele Generationen zurückreichen. Die französische Therapeutin Anne Ancelin Schützenberger, die sich besonders intensiv mit der Übertragung von Schicksalen über viele Generationen hinweg befasst hat, berichtet z. B. über eine Klientin mit Kehlkopfkrebs, die sie aufsuchte. Dabei sei ihr aufgefallen, dass diese Klientin eine sehr enge Halskette trug, und sie habe sie gefragt, ob einer ihrer Vorfahren bei der französischen Revolution geköpft worden sei. Die Klientin wusste nichts davon, aber ihre Nachforschungen ergaben, dass es tatsächlich so war. Nachdem sie sich dem Schicksal dieser Vorfahren (es waren mehrere) Anteil nehmend zugewendet hatte, verschwand der

Krebs. Ebenso fand Anne Ancelin Schützenberger heraus, dass Angehörige von Soldaten, die im Ersten Weltkrieg an Giftgas gestorben sind, Generationen später Asthma oder andere schwere Atemwegserkrankungen entwickelten (Schützenberger 2001).

In einem Seminar Bert Hellingers in Kyoto (Japan) nahm eine Frau teil, die darunter litt, dass ihre Mutter sie nicht ihren eigenen Lebensweg gehen ließ und ihr böse war, weil sie nicht zu Hause blieb. Zunächst stellte sich heraus, dass es die Tochter war, die einen Hass auf die Mutter hatte – sie wünschte der Mutter nichts weniger als den Tod. Das kam ganz massiv aus ihr heraus, nachdem Hellinger sie mit ihrem Hass konfrontiert hatte. Aber woher kam dieser Hass? Dass die Mutter sie nicht frei ließ, war als Ursache nicht gewichtig genug. Eine Aufstellung der mütterlichen Linie (also der Mutter und deren Mutter und deren Mutter usw., acht Generationen hintereinander) brachte die Lösung. Es wurde sichtbar, dass in jeder Generation eine starke Spannung zwischen Tochter und Mutter herrschte. Wenn die Töchter sich zu den Müttern umdrehten und diese anschauten, wichen fast alle Mütter einen Schritt zurück. Die achte Mutter war schon vorher zwei Schritte zurückgegangen und schaute ihre Tochter gar nicht an, sondern ihr Blick war starr auf den Boden gerichtet. Dies bedeutet fast immer (das ist ein Erfahrungswert), dass jemand auf einen Toten schaut, und dieser Tote ist oft eine Person, an deren Tod dieser Jemand schuldig ist. Hellinger wählte also einen Stellvertreter aus und bat ihn, sich vor diese Urahnin wie ein Toter auf den Boden zu legen.

Sofort kam Bewegung in die Frau, und auch die Aufstellende selbst, die ganz vorne in der Reihe stand, schaute an sieben Müttergenerationen vorbei wie gebannt auf diesen Toten und ging schließlich vorsichtig zu ihm hin und kniete sich neben ihn. Es sah so aus, als ob da eine Mutter ihr Kind umgebracht hätte. Für die Lösung ist es aber unerheblich, was genau geschehen ist, und der Therapeut sollte es auch nicht deuten. Wichtig war nur, dass die Erstarrung zwischen den Töchtern und Müttern sich gänzlich auflöste, nachdem dieser Tote in den Blick gekommen war und die Urahnin sich schließlich neben ihn gelegt hatte. Da konnte sich plötzlich die Aufstellende ohne Hass ihrer Mutter zuwenden und ihr, befreit lachend und weinend zugleich, in die Arme fallen und sich von ihr halten lassen.

Fälle wie dieser sind manchmal sehr kompliziert – auch deshalb, weil die Betroffenen auf die Frage: „Was ist in deiner Familie passiert?" häufig keine Antwort geben können, da sie über solche weit zurückliegenden Vorfälle meistens nichts wissen. Aber wenn die Betroffenen wirklich für eine Lösung offen sind, ohne sie erzwingen zu wollen, kommt sie – manchmal wie durch ein Wunder. Auch Hellinger hatte im vorliegenden Fall schon aufgegeben, wandte sich aber dann noch einmal kurz an seinen Kameramann (der zudem auch Familien-Steller ist) mit den Worten: „Oder hast du noch eine Idee?", und dieser antwortete: „Stell doch mal die Frauenlinie auf."

Auf den ersten Blick erscheint es völlig unverständlich, dass jemand in seinem Verhalten von Ereignissen bestimmt sein soll, die fünfzig oder gar hundert Jahre vor seiner Geburt passierten, oder dass jemand mit Personen in Liebe und Treue verbunden sein soll, die er nicht gekannt hat oder, wie es nicht selten der Fall ist, von deren Existenz er noch nicht einmal weiß. Die Familienaufstellungen zeigen aber genau das. Jemand trägt ein schweres Schicksal, wird krank, scheitert in der Liebe oder bringt sich gar um in Treue zu einem Vorfahren, den er nicht kennt. Es bedarf nicht der genetischen Vererbung, damit sich körperliche und psychische Muster in einer Familie immer wieder zeigen und fortpflanzen, sondern es gibt eine Art „systemische Vererbung". Ich setze dies in Anführungsstriche, weil es tatsächlich keine Vererbung ist, sondern ein Wiederholungsmuster, das so lange aktiv ist, wie bestimmte Personen und Ereignisse in einer Familie nicht gesehen und gewürdigt werden. Deshalb führt nicht etwa der Bruch mit diesen Mustern oder gar mit der Familie aus diesen Verstrickungen heraus, sondern die Hinwendung zu den Ausgeklammerten und deren Schicksal. Solange in einer Familie und Sippe bestimmte Dinge nicht gewesen sein dürfen, geben diese keine Ruhe. Erst wenn sie anerkannt, gesehen und gewürdigt sind, kann das System zur Ruhe kommen. Im Kapitel über „Gewissen und Seele" werde ich darlegen, welche Kräfte hinter diesen Verstrickungen wirken.

Zunächst möchte ich noch über einige weitere Fälle aus meiner eigenen Praxis berichten, die sowohl die Komplexität der Verstrickungen in der Herkunftsfamilie zeigen als auch die oft wundersame Art und Weise, wie Einsichten und Lösungen zustandekommen.

Joana, etwa 40 Jahre alt, ist eng mit ihrer Mutter verbunden. Die Mutter ruft sie immer noch an, will wissen, was sie tut, und warnt sie vor den Männern. Joana fühlt sich beengt und zugleich verantwortlich für die Mutter, mit der sie eine schmerzhafte Liebe verbindet. Aus einem früheren Gespräch weiß ich, dass die Mutter von einem Onkel sexuell missbraucht wurde, zeitweise in einer psychiatrischen Anstalt war und den Vater von Joana nur ganz kurz gekannt hat. Sie hatten eine dreitägige Affäre, danach ist er verschwunden. Joana hat ihn mit 16 Jahren kennen gelernt.

Ich bitte sie, Stellvertreterinnen für ihre Mutter und sich selbst aufzustellen. Sie stellt die beiden nebeneinander. Der Blick der Mutter geht in die Ferne, allerdings nicht sehnsuchtsvoll, sondern eher belastet. Joana schaut zuerst in die gleiche Richtung, wird dann aber zunehmend unsicherer und schaut sich nach verschiedenen Richtungen um – wie fragend, ob es denn da niemanden gibt, der ihr helfen oder eine Antwort geben könnte. Ihr Oberkörper biegt sich leicht von der Mutter weg, aber ihre Füße sind wie angewurzelt. Der Mutter scheint das Stehen immer schwerer zu fallen, aber noch hält sie es aus.

Ich befrage Joana nach den Umständen der Psychiatrieeinweisung ihrer Mutter, und wir erfahren, dass diese unmittelbar nach ihrer Geburt erfolgte und dass Joana mehrere Monate mit der Mutter in der Anstalt war. Während sie dies berichtet, bricht die Stellvertreterin der Mutter wie unter einer schweren Last zusammen. Dabei hat sie bis zuletzt auf einen imaginären Punkt in der Ferne geschaut. Jetzt liegt sie gekrümmt am Boden.

Ich stelle zwei Personen hinzu: den Onkel der Mutter (der diese missbraucht hat) und Joanas Vater. Es ändert sich nichts. Die Mutter bleibt liegen und zeigt keine merkliche Reaktion auf die beiden Männer, und diese wirken recht teilnahmslos, als wenn sie das Ganze nichts oder wenig angehe. Plötzlich ist mir klar, dass sich das eigentliche Drama irgendwo anders abgespielt hat, in weiter Ferne. Die Frage ist: Wo schaut die Mutter hin, auf welche Person, auf welches Geschehen? Oder: Wem hält sie die Treue, mit wem ist sie im Erleben des sexuellen Missbrauchs und/oder der Verrücktheit verbunden? Dies ist die Frage nach der unbewussten Beteiligung des Opfers am Tatgeschehen, die ich im Zusammenhang mit Ritas Aufstellung schon erwähnt habe. Diese – gänzlich unbewusste – Beteiligung geschieht immer aus Liebe (oder Treue) zu einer Person und ist immer mit dem Gefühl von Unschuld verbunden, und die Antwort auf die entsprechende Frage ist der Schlüssel zur Lösung.

Ich frage Joana: „Ist vorher in der Familie der Mutter etwas mit Sexualität oder Psychiatrie oder so gewesen?“

„Ja, bei meiner Urgroßmutter, der Oma meiner Mutter. Ihr Mann war im Krieg, und ihr wurde nachgesagt, in der Zeit Beziehungen mit mehreren Männern gehabt zu haben. Deswegen wurde sie verstoßen, und der Urgroßvater hat neu geheiratet. Sie ist dann auch am Ende in eine Anstalt gekommen.“

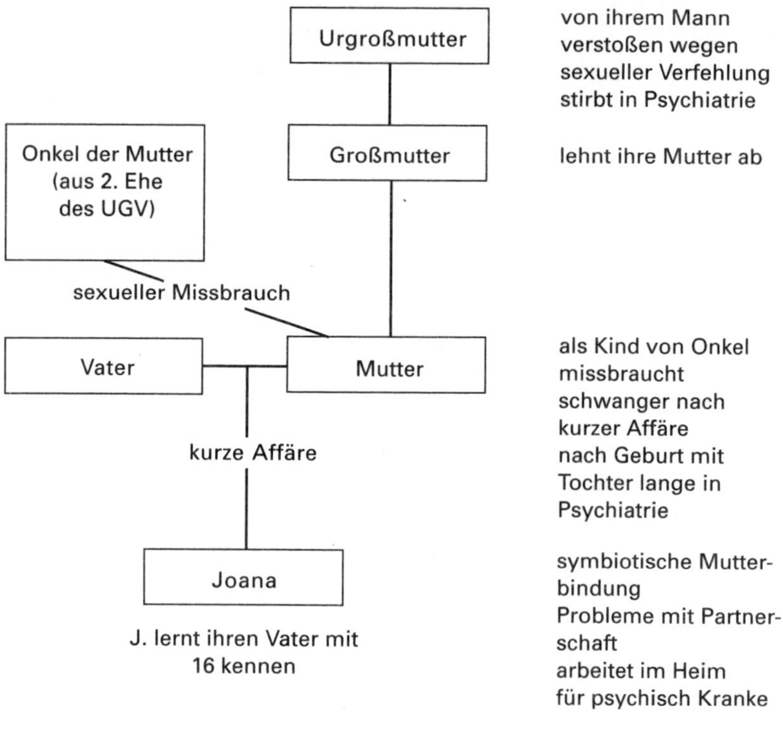

Abb. 1: Übersicht über die Generationenfolge der Personen in Joanas Aufstellung

Ich freue mich über die klare Antwort, denn damit ist auch die Lösung klar. Häufig wissen die Klienten nicht mehr, was in der dritten Generation vor ihnen geschehen ist, und dann ist die Lösungssuche viel schwerer, obwohl sie auch gelingen kann. Aber hier ist es einfach, es ist ein Fall wie aus dem Lehrbuch. Ich stelle Stellvertreter für die Eltern der Mutter und ihre Großmutter (also Joanas Urgroßmutter) hinzu. Sofort kommt Bewegung in die am Boden liegende Mutter. Nach ein, zwei Minuten hebt sie ganz langsam den Kopf und schaut, wie aus einem Traum erwachend, ihre Großmutter an. Es dauert nochmals einige Minuten, bis sie langsam aufsteht. Die Großmutter steht zitternd an der Wand, wird aber etwas ruhiger, als die Enkelin sich ihr zuwendet. Ihre Anspannung hängt eindeutig mit ihrer Tochter (also der Großmutter von Joana) zusammen, die sie streng und hart anschaut. Als ich die Enkelin am Arm nehme und zu ihr führe, stockt diese, als sie ins Spannungsfeld zwischen ihrer Mutter und ihrer Großmutter kommt. „Hier kann ich es nicht aushalten", sagt sie spontan – für mich ein Hinweis auf das, was hinter ihrer psychischen Erkrankung steht, nämlich die gleichzeitige Verstrickung mit Mutter und Großmutter. Ich nehme sie aus dem Spannungsfeld heraus und stelle sie unmittelbar vor ihre Großmutter, worauf sich bei beiden die Spannung löst. Sie fallen sich in die Arme und weinen eine Zeit lang. Dann dreht sich Joanas Mutter um und lehnt sich mit dem Rücken an ihre Großmutter, die sie hält. Jetzt schaut auch Joanas Stellvertreterin, die bisher recht ratlos und verloren dastand, auf. Als sie die Mutter in den Armen der Urgroßmutter sieht, schießen ihr die Tränen in die Augen. Ich ermuntere sie, zu den beiden zu gehen, was sie freudig macht. Jetzt kann auch sie sich an ihre Mutter anlehnen.

Jetzt fehlt nur noch eine Person: nämlich die Mutter von Joanas Mutter, die neben ihrem Mann steht und alles beobachtet. Ihr anfangs harter Blick ist inzwischen viel weicher geworden. Die Umarmung zwischen ihrer Tochter und ihrer Mutter hat sie sichtlich berührt. Ich bitte Joanas Urgroßmutter, ihre Tochter anzuschauen. Sofort beginnt sie wieder zu erstarren und gleichzeitig zu zittern, und sie lässt ihre Enkelin los.

Da ich gesehen habe, dass ihre Tochter nicht mehr so hart ist, schlage ich dieser vor, sich vor der Mutter zu verneigen. Sie tut dies sichtlich bewegt, neigt den Kopf immer tiefer und bleibt in dieser Haltung. Ihre Mutter wird ruhig, und als ich sie schließlich aufrichte, schauen sich die beiden freundlich an und umarmen sich. Jetzt kann sich Joana entspannt neben ihre Mutter stellen. Endlich ist die Ordnung wieder hergestellt: Waren bisher die Töchter mit den ausgeklammerten Großmüttern identifiziert und haben sich daher ihren Müttern gegenüber nicht wie Töchter, sondern wie Mütter verhalten, so können sie jetzt, nachdem die Mütter (an erster Stelle Joanas Urgroßmutter) ihren tatsächlichen Platz eingenommen haben, wieder Kind sein.

Das merken auch die Männer, denn jetzt erscheint plötzlich auch der Vater auf der Bildfläche, d. h. er zeigt Interesse an seiner Tochter und schaut freundlich auf die übrigen Frauen, die er bis dahin alle nicht beachtet hat (der Onkel, der die Mutter missbraucht hatte, ist übrigens von allein aus dem Raum gegangen; später berichtet er, draußen habe er ganz feuchte Hände bekommen und sich schuldig gefühlt. Er war übrigens, wie Joana nachher erzählte, ein Halbbruder ihrer Großmutter, also ein Sohn der zweiten Frau des Urgroßvaters, die dieser geheiratet hatte, nachdem er seine erste Frau wegen deren unsittlichem Lebenswandel verstoßen hatte. Dass dieser Sohn auf sexuelle Abwege geriet, könnte durchaus mit dieser Geschichte zusammenhängen und darauf hinweisen, dass Joanas Urgroßmutter ein grobes Unrecht widerfahren ist).

Auch die Stellvertreterin von Joana schaut interessiert zum Vater, traut sich aber nicht, die Mutter allein zu lassen (Joana ist als junges Mädchen aus der erdrückenden Bindung zur Mutter in eine frühe Ehe geflohen, hat den Mann jedoch nach zehn Jahren wieder verlassen und ist zur Mutter zurückgekehrt; später ist sie eine Beziehung mit einem Spieler eingegangen, den sie als unzuverlässig bezeichnet). Ich schlage ihr vor, einmal probeweise zum Vater zu gehen, und stelle der Mutter die Urgroßmutter zur Seite. Das ist ein heilendes Bild für Joana, und an der Seite des Vaters fühlt sie sich sichtlich wohl. Als die Mutter sie freundlich und zustimmend ansieht, kann sie dort stehen bleiben und den Vater, der sich darüber freut, wirklich nehmen. Es ist klar, dass dies der sicherste Platz für sie ist.

An diesem Beispiel kann man sehen, wie bestimmte Erfahrungen über Generationen hinweg weiterwirken und wie die Nachkommen aus kindlicher Liebe und Treue daran festhalten. Die Mutter von Joana wiederholt im Grunde das Schicksal ihrer aus der Familie verbannten Großmutter, und in ihrer Warnung vor den Männern kommen ihre eigenen wie die Erfahrungen ihrer Großmutter zum Ausdruck und werden weitergereicht. Sie darf ihre verstoßene Großmutter nicht offen lieben und tut es daher unbewusst: indem sie ihr in ihrem Schicksal folgt – in ihren sexuellen Erfahrungen wie in der psychischen Krankheit. Wie ihre Mutter ist auch Joana selbst zerrissen zwischen der Treue zur Mutter und zum Schicksal der Frauen davor. Sie wagt es nicht, sich einem Mann ganz zuzuwenden, und auch die Psychiatrie ist ihr recht nah – sie arbeitet mit geistig und psychisch Behinderten. In dem Moment jedoch, wo die Liebe offen gefühlt und gezeigt werden darf, ist der Bann gebrochen. Jetzt muss nichts mehr wiederholt werden, da alles an seinem Platz sein darf, wie es ist, und jeder gesehen und geliebt werden darf, wie er ist.

Mein zweites Beispiel einer komplizierten Sippenverstrickung betrifft Friedrich, den adeligen Manager, über dessen Aufstellung ich im Kapitel „Aufgestellt" kurz berichtet habe. Das Schlüsselthema war seine adelige Abstammung. Sie machte ihm schon als Kind zu schaffen – er wollte so sein wie die anderen Kinder und mit ihnen spielen, aber das akzeptierten weder diese (für die war er einer von „denen da oben") noch seine Eltern. Diese verprügelten und züchtigten ihn vielmehr regelmäßig, wobei sich besonders die Großmutter mütterlicherseits hervortat, und als dies nicht den gewünschten Erfolg hatte, ließen sie ihn im Alter von zehn Jahren für mehrere Monate in eine psychiatrische Anstalt einsperren, um ihn passend zu machen.

Sein Stellvertreter hatte, ohne jede Information, den Schmerz dieses Kindes gespürt und herausgeschrieen, als ich ihn mit den Eltern aufgestellt hatte. Als ich ihn umdrehte und bat, den Eltern aufrecht in die Augen zu schauen, beruhigte er sich etwas. Ich schlug ihm vor, den Eltern zu sagen: „Ich gehe jetzt meinen eigenen Weg", und drehte ihn dann von den Eltern weg, aber das führte nicht weiter: „Das fühlt sich an, als könne ich mich gleich umbringen", sagte er. Wenn es einen Weg gab, dann musste er zu den Eltern hinführen. Ich habe noch verschiedene Schritte versucht, z. B. die Großeltern in die Aufstellung mit hineingestellt, aber keine Lösung gefunden. Also habe ich die Aufstellung abgebrochen.

Ein knappes Jahr später nahm Friedrich mit seiner Frau an einer Paargruppe teil. Ich hatte eigentlich nicht vor, noch einmal seine Herkunftsfamilie aufzustellen, aber irgendwie kam es doch dazu. Er erzählte nämlich, etwas scherzhaft, er sei mit dem Fürsten Metternich verwandt. Es stellte sich dann Folgendes heraus: Seine Großmutter mütterlicherseits war die Enkelin aus einer Affäre des Fürsten mit einer jungen Bürgerlichen. Diese Frau war vom Hof fürstlich abgefunden worden, und man hatte einen Mann für sie gefunden, der sie heiratete, damit sie nicht in Schande lebte und das Kind einen ordentlichen Vater hatte. Nur eines konnte das Kind, ein Mädchen, nicht haben: die fürstliche Abstammung. Obwohl also Fürstin von Geblüt, blieb sie eine einfache Frau. Ihre Tochter aber (Friedrichs Großmutter) schaffte es, ihre eigene Tochter mit einem Mann aus altem Adel zu verheiraten. Damit hatte sie quasi ihre Mutter rehabilitiert. Alles wäre gut gewesen, wenn nicht deren zweiter Sohn sich wie ein bürgerlicher Bastard benommen hätte. Der Junge vertrat jenen Mann, der sich als Ersatzvater verdingt hatte, und erinnerte damit an die alte Geschichte. Das konnte die Großmutter nicht ertragen, und sie versuchte mit aller Macht, dieses Kind gefügig zu machen.

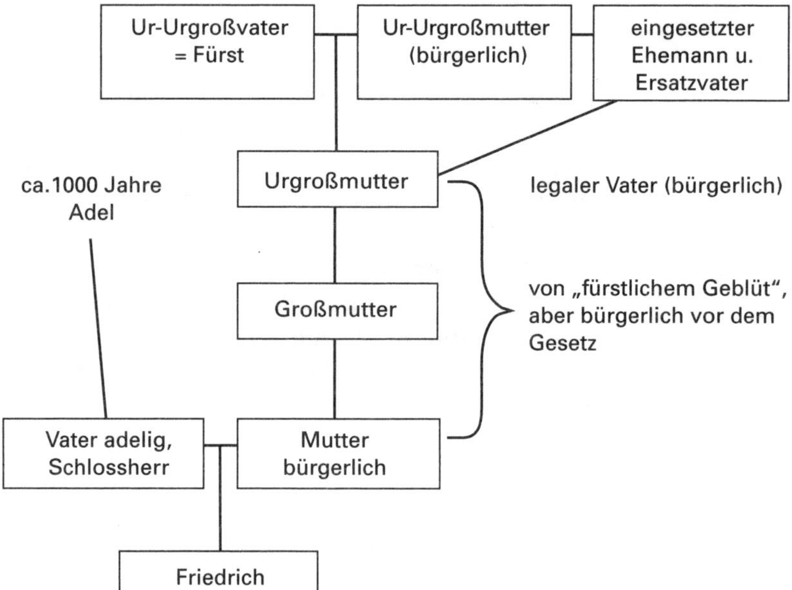

Abb. 2: Generationenfolge der Personen in Friedrichs Aufstellung

Ich will den Verlauf der Aufstellung hier nicht im Detail berichten, weil es mir nur darum geht zu zeigen, wie komplex manche Verstrickungen sind. Wir konnten diese Verstrickung jedenfalls gut lösen, und als Friedrich den Schmerz seiner Großmutter sah (der erst deutlich wurde, als ihre Mutter und der Fürst aufgestellt worden waren; vorher war nur ihr Zorn auf das Enkelkind sichtbar gewesen), weichte sein Herz auf, und er sah zum ersten Mal nicht die Hexe, sondern die Großmutter in ihr.

Das war die Voraussetzung dafür, sich danach dem Trauma von Friedrich zuzuwenden, das die kindliche Misshandlung in ihm zurückgelassen hatte. Am folgenden Tag kam dies auf eine natürliche, körperliche Weise zum Ausdruck, und wir konnten in einer Trancearbeit auf das Kind und sein Erleben zurückschauen und das Gewesene als Teil des Lebens nehmen und gewesen sein lassen. Nach dem Kurs ging Friedrich gelöst und mit neuem Lebensmut nach Hause und stellte sich erfolgreich einer neuen beruflichen Herausforderung.

Seine Frau, die auch in diesem Seminar war, konnte ihre Verstrickung in der Herkunftsfamilie nicht lösen. Sie arbeitete hart daran, aber ich hatte ihr gesagt: „Du *willst* zu viel, man kann hier nichts erzwingen", und ihrem Drängen, mit ihr noch weiterzuarbeiten, nicht nachgegeben. In der Folgezeit ging es ihr ziemlich schlecht, sie war depressiv und nahm zeitweise Tabletten dagegen. Eine Urlaubsreise in ihr Heimatland, aus dem ihre Eltern geflohen waren, nachdem die kommunistische Regierung ihnen allen Besitz genommen hatte (sie waren ebenfalls adelig und hatten große Ländereien), brachte eine kurzzeitige Besserung, aber keine Lösung. Sie schien das ganze Leid ihrer Familie zu tragen und auch tragen zu wollen, obwohl sie beteuerte, es gerne abzugeben. Mein Bild war, dass sie sich selbst im Weg stand, indem sie sich mit aller Macht lösen wollte und damit umso mehr gebunden blieb. Immer wieder fragte sie mich, was sie tun könne, und meine Antwort war immer wieder: „Warte."

Das Wunder ereignete sich, als ihr Bruder an einem Kurs teilnahm. Exakt zu der Zeit, als er aufstellte, bekam sie tausend Kilometer entfernt hohes Fieber. Ohne weitere Symptome lag sie von Samstagnachmittag bis Sonntagabend mit über vierzig Fieber im Bett. Am Montagmorgen war das Fieber verschwunden – und mit ihm die Depression. In der Aufstellung ihres Bruders, von der sie erst danach erfuhr, war der Knoten, den ich in ihrer Aufstellung nicht finden konnte, gelöst worden.

Das Vertuschen der wahren Elternschaft, das in Friedrichs Fall Auswirkungen über vier Generationen hatte, kommt überraschend oft vor. Nicht selten meinen die Vertuscher, damit auch dem Kind etwas Gutes zu tun, aber die Folgen sind immer schlimm. So berichtete mir eine Kollegin von einer Frau, die Angst um ihre Tochter hatte. Diese war siebzehn und hatte versucht, sich umzubringen. Auf Nachfragen stellte sich heraus, dass auch die Frau selbst zwei Selbstmordversuche begangen hatte, im Alter von fünfzehn und achtundzwanzig. Die Suche nach einem schlimmen Ereignis in ihrer Familie blieb zunächst ergebnislos. Der einzige Erfolg versprechende Hinweis war der auf eine Großtante (Schwester der Großmutter), die ins Kloster gehen musste, weil sie schwanger war. Deren Aufstellung zeigte aber nichts Dramatisches. Erst als das Kind dieser Schwangeren dazugestellt wurde, zeigte sich die Lösung. Von diesem Kind war in der Familie nichts bekannt, außer dass es im gleichen Alter wie die Mutter der Klientin sein musste. Als die Klientin dies sagte, ging ein Ruck durch die Stellvertreterin ihrer Mutter, und sie sagte: „Ich bin das Kind!" Alle anderen, einschließlich der Klientin selbst, waren auf der Stelle erleichtert.

Stellen wir uns die Situation damals einmal kurz vor: Anfang des Jahrhunderts, so um 1920 herum, eine katholische Familie auf dem Lande. Eine unverheiratete Tochter, vielleicht noch sehr jung, wird schwanger, eine Sünde und eine Schande. Vielleicht ist auch der Vater nicht bekannt, oder er darf nicht bekannt werden, weil er zu bekannt ist. Da hat jemand die rettende Idee: Das Kind wird als Kind der bereits verheirateten Schwester ausgegeben. Damit scheint allen gedient: Das Kind hat „richtige" Eltern, der Familie bleibt die Schande erspart, und die Tochter kann im Kloster für ihre Sünde sühnen und ein gottgefälliges Leben führen. Genial! Nur eines hat man nicht bedacht: Es ist nicht in Ordnung, die Ordnung wird „verrückt".

Tatsächlich berichteten die Stellvertreter in der Aufstellung alle, sie fühlten etwas Verrücktes in der Familie, und die Therapeutin war zeitweise völlig durcheinander. Ich habe dieses Phänomen oft beobachtet, wenn die wahre Elternschaft von Kindern vertuscht wurde und es sich dabei um einen Tausch innerhalb der Familie handelte; wenn also zum Beispiel der wahre Vater der Großvater war, aus dessen Inzest mit seiner Tochter ein Kind entstanden ist, so dass die Mutter dieses Kindes zugleich ihre Schwester war. Das ist im wahrsten Sinne des Wortes „ver-rückt", und man merkt dies in den Aufstellungen sofort, auch wenn kein Beteiligter etwas von den Hintergründen weiß – sie sind alle ganz durcheinander.

Inzwischen hat mich die Erfahrung aus mehreren tausend Aufstellungen (abgesehen von den Berichten der Kollegen) gelehrt, dass jeder Versuch, der Wirklichkeit ein Schnippchen zu schlagen und Geschehenes ungeschehen zu machen, fehlgeht und schlimme Folgen hat – meist viel schlimmere, als sie ein offener Umgang mit den Tatsachen gehabt hätte. Die Folgen unserer Handlungen sind oft schwer zu tragen, und plötzliche Schicksalsschläge, die einem einfach zustoßen, meist noch viel schwerer. Aber noch schlimmer ist es, wegzuschauen, zu vertuschen oder etwas ungeschehen machen zu wollen.

Letzteres geschieht zum Beispiel häufig, wenn ein Kind ganz früh stirbt oder tot geboren wird. Man versucht, es zu vergessen, und meint, das schwere Schicksal damit ungeschehen machen zu können. Oft wird kurz danach ein neues Kind geboren, und es bekommt vielleicht den gleichen Namen wie das verstorbene. Dann nimmt dieses Kind den Platz des verstorbenen ein und lebt ein anderes Leben als sein eigenes. Es wird sich fühlen, als habe es keine Daseinsberechtigung.

Ich erinnere mich an einen Mann namens Egon, der völlig unscheinbar schien und sehr scheu war. Bei der Aufstellung kam heraus, dass vor ihm ein Bruder kurz nach der Geburt gestorben war, der ebenfalls Egon hieß. Als ein Jahr danach wieder ein Junge geboren wurde, nannten die Eltern ihn kurzerhand ebenfalls Egon. Damit konnte der Schmerz um den Erstgeborenen endlich vergessen werden, sie hatten ja einen neuen Egon. Beide hatten auch keinen zweiten Namen, sie hießen einfach nur Egon. Also habe ich in der Aufstellung Egon zu seinem gleichnamigen toten Bruder sagen lassen: „Du bist Egon der Erste, ich bin Egon der Zweite.“ Das war ungeheuer befreiend für ihn – und für den Stellvertreter des toten Bruders auch.

Hier sollte also der für die Eltern schmerzhafte Verlust vergessen gemacht werden, indem man einen Ersatz nahm. Dadurch wurde aber auch das tote Kind aus dem Familienbewusstsein ausgeblendet. Wenn man Kinder aus solchen Familien nach der Geschwisterzahl fragt, nennen sie meistens die Zahl der lebenden und fügen dann manchmal noch hinzu, dass es da noch ein oder zwei tote Kinder gab. Aber das erste überlebende Kind fühlt sich als das erste und nicht, wie es richtig wäre, als das zweite. Aber es geht ihm dabei nicht gut, es leidet darunter, denn kein System lässt dies zu; in der Familie und Sippe hat jeder das gleiche Recht auf Zugehörigkeit. Dies hat wahrscheinlich damit zu tun, dass unsere Urahnen, als sie in grauer Vorzeit noch in Horden lebten, auf jedes Mitglied angewiesen waren, und dass der Sippenverband die größten Überlebenschancen hatte, der möglichst vollständig blieb. Vollständigkeit wäre demzufolge ein evolutionär erfolgreiches Überlebensmodell, das über zehntausende von Jahren funktioniert hat und uns deshalb in jeder Zelle steckt (siehe auch das Kapitel über das Gewissen).

Es muss aber auch jedes *Ereignis* gewesen sein dürfen, und zwar so, wie es war. Wenn da etwas beschönigt wird, wirkt es sich ebenfalls unheilvoll aus. Ein totes Kind gehört also dazu, aber es gehört dazu als ein totes. Dies wird zum Beispiel dann nicht geachtet, wenn Eltern das Zimmer eines verstorbenen Kindes unberührt lassen. Sie tun dann so, als könne dieses Kind jeden Moment wiederkommen, und halten alles für diesen Augenblick in Ordnung. Hier wird also, anstatt das Kind zu verdrängen, der Tod verdrängt. Welch ungewöhnliche Formen und Folgen ein solches Vorgehen haben kann, zeigt der folgende Fall.

Die Aufstellende ist eine hübsche junge Frau Ende zwanzig, die aussieht wie ein etwa 15-jähriges Mädchen. Sie verhält sich auch so: schüchtern bis scheu, ganz leise Kinderstimme; wenn man sie anspricht oder auch nur direkt anschaut, lässt die Verlegenheit sie sofort erröten. Sie leidet darunter, dass sie keine Beziehungen zu Männern eingehen kann, und fühlt sich auch sonst dem Leben kaum gewachsen. Eher beiläufig teilt sie mit, einer ihrer beiden Brüder sei mit dreizehn Jahren an einer Medikamentenvergiftung gestorben. Genaueres scheint sie nicht zu wissen, und allzu sehr nachhaken darf man nicht, sonst wird sie konfus.

Das Auffälligste bei ihrer Aufstellung ist, dass sie völlig unauffällig ist – alles scheint ganz normal. Zu normal. Es liegt etwas Seltsames in der Luft, das aber kaum zu fassen ist. Alle stehen da und schauen und reden (als ich sie nach ihren Gefühlen frage), als sei nichts geschehen und alles in Butter. Der tote Bruder steht im System wie die anderen und wird weder besonders beachtet noch besonders missachtet.

Zunächst bin ich etwas ratlos, bis mir der Einfall kommt, den toten Bruder aus dem Raum zu schicken. Als er die Tür hinter sich schließt, geht eine ganz leichte Bewegung durch den Vater, eine Irritation, die wie ein Schatten über ihn huscht – dann ist wieder alles normal. Nein, es macht eigentlich nichts aus, dass er raus ist – sagen alle. Aber die Bewegung des Vaters und die merkwürdige Nicht-Reaktion der Übrigen geben mir den entscheidenden Hinweis. Ich rufe den Toten wieder herein, stelle ihn vor den Vater und lasse ihn sagen: „Papa, ich bin tot!" Dann noch einmal: „Ich bin wirklich tot, absolut tot!" Dann schicke ich ihn wieder hinaus, und jetzt kommen alle in Bewegung. Zuerst der Vater, sozusagen der Chef des heimlichen Komplotts. Er beginnt zu weinen, und das steckt auch die anderen Familienmitglieder an.

Ich frage die Aufstellende, was denn da genau passiert sei. Vorher sagte sie, sie wisse es nicht genau, jetzt hat sich auch bei ihr etwas gelöst, sie bricht das familiäre Tabu und rückt stockend mit der Wahrheit heraus: Der Bruder hatte Halsschmerzen gehabt, und seine Mutter hatte ihm eine Lutschtablette gegeben, die einen allergischen Schock auslöste, der zum Tod führte. Jetzt konnte ich das Aufstellungsbild und auch die Symptomatik der jungen Frau verstehen: Um die Mutter zu schützen, hatte sich die ganze Familie (unbewusst natürlich) verschworen, so zu tun, als sei nichts geschehen. Der Bruder war gar nicht tot! Die Tarnung war fast perfekt. Diese innere Verschwörung ging so weit, dass die Entwicklung quasi stillstand. Fast zwanzig Jahre später war die kleine Schwester immer noch wie ein Kind.

Der Rest der Aufstellung war einfach. Nachdem der Tod erst einmal anerkannt war, konnte ich den toten Bruder wieder in die Aufstellung hereinnehmen und ihn – als Gestorbenen! – seinen Platz in der Familienseele einnehmen lassen. Die Trauer konnte fließen, und damit konnte allmählich wieder Leben in die Familie einkehren, die in dem vergeblichen Versuch, den Tod zu ignorieren, als Ganze wie tot geblieben war.

Fassen wir zusammen. Das innere Bild der Familie ist in Ordnung, wenn jeder, der dazugehört, an seinem Platz steht, wenn keine Person und auch kein wichtiges Ereignis verdrängt wird. Jeder gehört dazu auf seine Weise: ein früh Verstorbener als früh Verstorbener, ein Mörder als Mörder, ein Behinderter als Behinderter, ein Alkoholiker als Alkoholiker. An erster Stelle steht dabei die Zugehörigkeit – als Vater, Oma, Tante, Bruder oder was auch immer –, dann kommt erst die besondere Eigenschaft oder das besondere Schicksal dieser Person.

Ein behindertes Geschwister wird also in erster Linie als Geschwister gesehen, seine Behinderung gehört einfach nur dazu, wird also weder verdrängt noch besonders herausgestellt. Der Onkel, der bei der SS war, ist in erster Linie mein Onkel, in dieser Hinsicht bin ich ihm verbunden, und dieser Platz gebührt ihm auch, und in zweiter Linie war er SS-Mann und in deren Verbrechen verstrickt. Das gehört zu *ihm* dazu, aber nicht zu mir – ich muss es ihm lassen. Im Falle von SS-Tätern (und generell von Gewalttätern) ist durch die Tat allerdings auch eine Bindung an das Opfer entstanden, die auf die gesamte Familie zurückwirkt; deshalb müssen die Familienangehörigen des Täters in diesem Fall auch auf die Opfer schauen und diesen die Ehre erweisen (siehe das Kapitel „Der Judenmord"). Und der Vater, der trinkt, ist in erster Linie der Vater. Dass er trinkt und sein Alkoholismus die Familie belastet, gehört dazu – aber es ändert nichts an seinem Platz als Vater. Das wäre das Wichtigste: dass jedem Familienmitglied im Herzen der Platz eingeräumt wird, der ihm natürlicherweise zusteht. Es ist das Wichtigste, weil man dann selbst innerlich in Ordnung kommt.

Das Zweite ist, dass man jedem sein Leben, sein Schicksal, seine Verdienste und seine Schuld lässt. Dass man sich nicht einmischt, nicht verurteilend, nicht heroisierend – einfach ohne Urteil. Und dass man sich nichts nimmt, was einem nicht gehört, weder im Guten noch im Schlechten, auch nicht aus Liebe und Mitleid. Das bedeutet es, jemandem sein Schicksal zu *lassen*. Das geht so weit, dass man sogar zustimmt, wenn ein früher Geborener sein Leben zerstört (hat). Alles, was war, muss gewesen sein dürfen. Dann kann es in der Vergangenheit ruhen und muss in der Gegenwart nicht mehr wiederholt werden.

Die Gegenwartsfamilie

Partner und Kinder

Wir sind nicht nur durch unsere Herkunft gebunden, sondern ebenso durch unsere Handlungen. Leben schafft Bindung. Leben entsteht aus Bindung, und Leben schafft wieder neue Bindungen. Wer dem entgehen will, nimmt nicht am Leben teil.

Es ist interessant zu sehen, dass die meisten Kursteilnehmer mit der Absicht kommen, ihre Herkunftsfamilie aufzustellen. Wenn ich dann sage: „Bei dir ist eher die Gegenwartsfamilie dran", schauen viele etwas betroffen. Dahinter steht oft ein einfaches Gefühl: In Bezug auf unsere Herkunftsfamilie fühlen wir uns unschuldig; wir können nichts dafür. Bei dem, was in unserer Gegenwartsfamilie, also in unseren Beziehungen zu Partnern und Kindern, schief läuft, liegt die eigene Verantwortung viel klarer auf der Hand. Man kann zwar auch hierfür die Eltern oder wer weiß wen verantwortlich machen – und es zeigt sich ja auch meistens, dass Schwierigkeiten in den Gegenwartsfamilien mit Verstrickungen in der Herkunftsfamilie zusammenhängen –, aber dennoch fühlt jeder, dass er hierbei mehr in die Pflicht genommen ist und mit den Folgen seines eigenen Handelns konfrontiert wird.

Dass unsere Handlungen Folgen haben, erscheint banal. Eigentlich ist es merkwürdig, dass man etwas so Selbstverständliches eigens betonen muss. Aber wir leben in einer Zeit, in der viele simple Wahrheiten vergessen werden, unter anderem auch diese. Da sind Menschen, die zwanzig oder dreißig Jahre als Single gelebt haben und sich mit fünfzig plötzlich nach einer festen Bindung sehnen, überrascht, wenn dies nicht klappt. Manche kommen zum Familien-Stellen und wollen in ihrer Herkunftsfamilie nach „Blockaden" suchen, aber meistens ist die „Blockade" nichts anderes als eine Folge ihres Handelns: Wer ein halbes Leben lang geglaubt hat, auf eine feste Partnerschaft verzichten zu können, und sich entweder mit vielen Partnern vergnügt oder sich, solange es keine Probleme gab, mit einem Partner eine gute Zeit gemacht und sich dann, wenn es schwierig wurde, getrennt und einen neuen genommen hat, oder wer sich erst gar nicht auf Beziehungen eingelassen hat, der kann das Ruder nicht einfach herumwerfen. Er kann es sicherlich versuchen, aber sein bisheriges Leben wird nicht ohne Folgen auf die Art und Tiefe der Bindung sein, die ihm noch möglich ist.

Die moderne Illusion, den natürlichen Bindungen entgehen zu können, hängt auch mit den vielfältigen (technischen) Möglichkeiten zusammen, Folgen unserer Handlungen abzumildern, unsichtbar zu machen oder irgendwo anders neu anzufangen. Im Bereich der Beziehungen sind es vor allem die Möglichkeiten der Empfängnisverhütung und die inzwischen relativ gefahrlose Abtreibung, die die Sexualität aus ihren überkommenen Bindungen und Beschränkungen befreit hat und viele glauben lässt, sie seien auch in dieser Hinsicht keinen Bindungen mehr unterworfen. Die Frage, ob unsere

Seele dies zulässt, ist lange Zeit nicht einmal in Erwägung gezogen worden. Das Familien-Stellen zeigt jedoch, dass wir dieser Frage nicht ausweichen können.

Dass Leben Bindung bedeutet, zeigt sich am deutlichsten, wenn man ein Kind bekommt. Ohne Fortpflanzung stirbt das Leben. Wer sich in den Dienst der Weitergabe (und damit Erhaltung) des Lebens nehmen lässt, stimmt, ob er es will oder nicht, auch der Bindung zu. Die Bindungskraft der Liebe ist ein Naturgesetz, dem wir nicht entgehen können.

Wer Kinder hat, weiß das. Sein Leben ist mit einem Mal ganz anders. Er kann nie mehr so leben, als hätte er kein Kind. Für Frauen ist dies gar keine Frage, aber auch Männer können der Bindung nicht entgehen. Manche versuchen dies. Ein Bekannter von mir hat einen Sohn von etwa zwanzig Jahren, mit dem er keinen Kontakt hat und der ihn nicht kennt (er selbst kennt den Sohn und hat ihn des Öfteren gesehen). Irgendwann erzählte er mir davon, und es war klar, dass er ein schlechtes Gewissen hat. In einer Aufstellung, die er später machte, ging es seinem Stellvertreter sofort besser, als ich eine Person für den Sohn dazustellte und er sich ihm zuwandte – ich hatte dabei aber nicht gesagt, dass dieser Stellvertreter den Sohn repräsentierte, ich hatte einfach eine männliche Person dazugestellt; niemand außer mir wusste um die Existenz dieses Sohnes. Mein Bekannter mag der Begegnung mit dem Sohn weiterhin aus dem Weg gehen, aber innerlich ist er umso mehr an ihn gebunden. Er weiß, dass er ein Kind hat, und dem kann er sich auf keine Weise entziehen. Und er ist nicht nur an den Sohn, sondern auch an dessen Mutter gebunden, auch wenn die Beziehung nur eine flüchtige war. Das Kind bezeugt die Bindung, es *ist* die Fleisch gewordene Bindung.

Ich spreche hier natürlich von einer bestimmten Form der Liebe, nämlich der sexuellen Liebe. Das, was bindet, ist nicht das Gefühl, sondern die Sexualität. Dies scheint mir übrigens einer der Gründe dafür zu sein, dass die meisten Religionen Sexualität wenn nicht verurteilen, so doch gering schätzen und sie zum Beispiel ihren Priestern verbieten oder für unvereinbar mit einer spirituellen Praxis ansehen. Sie wissen, dass Sexualität bindet, an die Menschen und ihr irdisches Leben. Und sie meinen, man wäre dem Himmel näher, wenn man der Erde entsagt. In gewisser Hinsicht haben sie Recht: Die sexuelle Liebe ist etwas durch und durch Irdisches. Wer sich ganz auf sie einlässt, bejaht die Erde. Ob dies weniger religiös oder weniger spirituell ist als das Streben nach dem Himmel, ob also der tiefere, religiös-spirituelle Sinn des Lebens darin besteht, sich seinem natürlichen Verlauf zu entziehen, erscheint mir allerdings mehr als fraglich. Diese Art von Religiosität erweist sich bei genauem Hinsehen als ziemlich hohl. Man mag auf ein sexuelles Leben verzichten, aber das ist dann kein höheres, kein spirituelleres, kein heiligeres Leben. Beim Familien-Stellen stellt sich bei allen Teilnehmern das Gefühl, etwas Heiligem beizuwohnen, gerade da ein, wo sich jemand ganz den Anforderungen und Bindungen des ganz gewöhnlichen Lebens anheim gibt.

Sich ganz auf die sexuelle Liebe einlassen heißt allerdings auch, sie mit ihren natürlichen Folgen zu nehmen, also mit Kindern – und nicht etwa nur alle Spielarten des Sex auszuprobieren. Denn eine Sexualität, die das Kinderkriegen nicht nur begrenzt, sondern grundsätzlich meidet oder ausschließt, ist eine kastrierte Sexualität. Ihr fehlt die Tiefe und die Kraft, und deswegen braucht sie besondere Reize und „Thrills", um diese Tiefe zu ersetzen.

Wenn ich an meine Eltern und deren Eltern und die weiteren Vorfahren denke, dann sehe ich, dass diese sich – notgedrungen – viel tiefer auf die Sexualität eingelassen haben als wir. Denn sexuelle Liebe bedeutete fast unweigerlich Kinder, und jede Geburt war eine Begegnung mit dem Tod. Für die Frauen war jede Geburt ein potenziell tödliches Risiko, und wenn sie selbst überlebten, starb oft das Kind. Und die Männer mussten immer fürchten, ihre Frau und die Mutter ihrer Kinder zu verlieren. Unter diesen Umständen stand der Tod immer neben dem Bett, wenn zwei sich liebten. Heute steht er ja, in Gestalt von AIDS, wieder mit im Raum, und ich habe den Verdacht, dass er sich da nicht ganz wegbekommen lässt, sondern durch irgendeine Hintertür wieder hereinschleicht, sobald man ihn vertrieben zu haben glaubt. Sex und Tod gehören zusammen wie Sex und Leben.

Heirat

Das Leben und die Liebe entstehen also aus einer Bindung und führen uns auch wieder in neue Bindungen. Die alten Bindungen wirken in diese neuen mit hinein, aber die neuen haben Vorrang. Das ist eine der „Ordnungen der Liebe", wie Hellinger es genannt hat. Sie steht im Dienste der Evolution, denn sie gewährleistet, dass das Leben weitergeht. Ohne den Vorrang des Neuen wäre dies nicht möglich. Deshalb muss man die alte Familie verlassen, wenn man eine neue Bindung eingeht.

In diesem Zusammenhang ist mir der tiefere Sinn der alten Hochzeitsrituale durch das Familien-Stellen wieder zum Bewusstsein gekommen. Wenn zum Beispiel der Vater die Braut zum Bräutigam führt, heißt das, er führt sie aus der Herkunftsfamilie hinaus in die neue Familie. Dadurch, dass er sie führt und übergibt, gibt er sie auch frei und erleichtert ihr so die Lösung (leider gibt es kein entsprechendes Ritual für die Mütter, die ihre Söhne übergeben; dieses Ritual wäre vielleicht noch notwendiger). Noch wichtiger erscheint es mir, dass bei einer traditionellen Hochzeit die Verwandten des Paares die wichtigsten (oder gar einzigen) Gäste sind und nicht, wie heute üblich, die Freunde. Das macht nämlich für beide Brautleute sinnfällig, dass sie nicht nur *eine* Person mit in die Ehe nehmen, sondern deren ganze Herkunft (Familie), die sich dann in den eigenen Kindern fortsetzen wird. Mit dem Ja zum Partner sagt man auch immer zugleich ja zu dessen Herkunft – mit allem Schweren, das darin enthalten sein mag. Das macht die ganze Wucht und Tiefe des Vorgangs deutlich – wir heiraten nie nur die Person, sondern immer auch das, woher sie kommt und was sie, freiwillig oder nicht, mitbringt. Und gleichzeitig ist es ein Abschiedsfest von der jeweiligen Herkunftsfamilie. Eine Hochzeit mit Freunden zu feiern ist dagegen ein völlig flaches Vergnügen.

Innerhalb der neuen Familie gilt die Ordnung nach der Zeit. Das heißt erstens, dass die Paarbeziehung Vorrang hat vor der Beziehung zu den Kindern. In vielen Familien wird gegen diese Ordnung verstoßen – mit der Folge, dass die Beziehung allmählich stirbt und ein Kind die Rolle des Partners einnimmt, was dem Kind schadet. Besonders Mütter neigen dazu, sich nach der Geburt eines Kindes mehr dem Kind zuzuwenden als dem Mann, die Kinder kommen für sie zuerst, der Mann muss sich anstellen. Darunter leidet nicht nur die Beziehung, sondern auch das Kind. Wenn die Paarbeziehung funktioniert, sind Kinder entlastet – dann können sie ohne Stress spielen gehen.

Das wäre also ein sehr wichtiger Ordnungsaspekt. Und wenn dann mehrere Kinder da sind, gilt unter denen ebenfalls die Ordnung nach der Zeit: Das erste kommt zuerst, dann das zweite und so weiter. Wer später kommt, muss sich anstellen, dann gibt es keinen Stress – wie an der Bushaltestelle. Wenn sich einer vordrängt, gibt es Unruhe und Ärger. Wenn also die Mutter sich dem Jüngsten mit besonderer Fürsorge zuwendet – was normal ist –, muss sie gleichzeitig den Rang des Ältesten innerlich und in ihrem Verhalten achten, sonst wird dieser Ärger machen und sich an seinem jüngeren Geschwister rächen. Viele Geschwisterkonflikte haben damit zu tun, dass diese Ordnung gestört ist. Die Lösung ist hier leicht: Man achtet einfach die zeitliche Reihenfolge.

Aber Bindung entsteht nicht nur über die klassische Familienform. Wer meint, ihr entgehen zu können, indem er nicht heiratet, sondern in einer offenen Partnerschaft lebt, liegt daneben. Genauer gesagt liegt er *dazwischen*. Denn er ist genauso gebunden wie derjenige, der heiratet, aber da er die volle Zustimmung zu Bindung und Partnerschaft zurückhält, ist es sozusagen eine Partnerschaft in der Schwebe, die auf Dauer für alle Beteiligten viel belastender ist als eine gewöhnliche Ehe. Es ist ein Jein, ein „schaun wir mal“, eine Probezeit ohne Ende. Man bleibt auf der Schwelle stehen, anstatt den Schritt ins Haus zu machen. Die Beziehung hält dies nur schwer aus, aber der Bindung entgeht man trotzdem nicht.

Abtreibung

Der Bindung entgeht man auch nicht, wenn man glaubt, die Folgen der Sexualität ignorieren zu können. Ich denke nicht (und habe bei den Aufstellungen auch keine Hinweise darauf entdeckt), dass jede sexuelle Beziehung automatisch eine Bindung bedeutet. Wenn jemand sehr viele wechselnde sexuelle Beziehungen hat, scheint mir dies aber durchaus zu binden – zwar nicht unbedingt an die einzelnen Partner, sondern in der Weise, dass dies die Bindungstiefe abschwächt. Er oder sie wird bindungsunfähig, und das ist auch eine Art Bindung. Das merken viele dann, wenn sie irgendwann doch eine feste Partnerschaft wünschen und es nicht klappt. Was aber auf jeden Fall bindet, ist die Zeugung eines Kindes.

Ich erinnere mich an eine Frau, deren Problem darin bestand, dass ihre Beziehungen immer wieder zerbrachen. Sie wollte gerne eine dauerhafte Beziehung. Als ich sie nach ihren früheren Beziehungen fragte, kam heraus, dass sie fünf- oder sechsmal abgetrieben hatte. Ich habe dann die abgetriebenen Kinder aufgestellt und dahinter die Väter dieser Kinder. Die Frau habe ich dann davor gestellt, ohne etwas zu sagen. Sie hat die Hände vors Gesicht geschlagen und ist weinend in die Knie gesunken. Lange Zeit war sie nicht in der Lage, auf die Kinder und die Männer zu schauen. Zum ersten Mal wurde ihr bewusst, was sie getan hatte, und sie wurde von Schuldgefühlen überwältigt, die sie lange verdrängt hatte. Anstatt darauf einzugehen, habe ich ihr geholfen, alle anzuschauen. Nur anzuschauen, mehr nicht. Nach langer Zeit wurde sie ruhig, ernst und gesammelt. Jetzt war sie in Kontakt mit der Wirklichkeit gekommen.

Diese Wirklichkeit hatte aber auch schon vorher in ihr gewirkt, allerdings auf eine negative Weise. Ihre Seele wusste um die Bindung, der sie sich durch die Abtreibungen zu entledigen versucht hatte, und sie wusste auch um die Schuld. Man kann dem nicht entgehen. Es wirkt sich dann zum Beispiel so aus, dass man nicht mehr in der Lage ist, eine feste Beziehung einzugehen. Die eigene Seele lässt dies nicht zu, sie macht uns einen Strich durch die Rechnung. Da Abtreibung heute in sehr vielen Familien vorkommt und immer wieder ein beherrschendes Thema in Aufstellungen ist, möchte ich hierauf noch etwas näher eingehen. Ich diskutiere dies nicht als ethische oder moralische Frage, sondern schlage vor, nur auf den Vorgang zu schauen.

Der Vorgang bei einer Abtreibung ist, dass das Paar nicht bereit ist, die Folgen für sein Handeln zu tragen. Die Folgen sind, dass aufgrund ihres Handelns ein Kind im Entstehen ist. Dies wollen sie nicht nehmen, dieses Ergebnis ihres Tuns wollen sie loswerden. Also opfern sie das Leben des werdenden Kindes für das, was sie für ihre Freiheit halten. Das ist der Vorgang, unabhängig davon, ob sie sich die Entscheidung schwer machen oder nicht, ob ihre subjektive Lage schwierig ist oder nicht, ob sie jung sind, allein, arm oder reich.

Es ist wichtig, das zunächst einmal ganz nüchtern zu sehen. Fast alle Frauen, die abgetrieben haben, empfinden Schuld, und die meisten versuchen, sich dieser Schuld zu entledigen, indem sie „Entschuldigungen" vorbringen: Sie waren zu jung oder zu alt, hatten schon zu viele Kinder oder wollten gerade Examen machen, sind vom Mann mit dem Kind allein gelassen worden, oder die Ehe funktionierte nicht mehr, hatten nur eine flüchtige Beziehung und wollten von dem Mann kein Kind, waren verheiratet und es war ein

„Ausrutscher" bei einem Seitensprung, was auch immer. In all diesen Rechtfertigungen, die in vielen Fällen einen durchaus ernsten Hintergrund haben und denen oft schwere Gewissenskonflikte vorausgingen und folgten, erscheint die Frau als das Opfer. Dies heißt jedoch, die Wirklichkeit auf den Kopf zu stellen, und bedeutet eine Verhöhnung des tatsächlichen Opfers. Geopfert wird das Kind! Die Gründe mögen gut oder schlecht sein, schwer wiegend oder oberflächlich – es ändert nichts an der Tatsache. (Ich spreche hier über die Frauen, weil diesen das Thema Abtreibung meistens viel näher geht als den Männern; diese sind jedoch genauso beteiligt, und grundsätzlich gilt für sie das Gleiche.)

In den Familienaufstellungen kann man sehen, wer das wirkliche Opfer ist. Darüber hinaus wird vollkommen klar, dass alle vorgebrachten Gründe weder der Frau (den Eltern) das Schuldgefühl nehmen noch das Kind befrieden. Im Gegenteil: Mit jeder Begründung, die vorgebracht wird, wird das Kind noch einmal abgetrieben. Die Personen, die als Stellvertreter für ein abgetriebenes Kind aufgestellt werden, empfinden alle gleich, egal, ob sie Mann oder Frau sind, ob sie fromme Christen, Atheisten oder Feministen sind, ob sie selbst abgetrieben haben oder nicht. Sowohl in der Rolle der Eltern als auch in der Rolle des abgetriebenen Kindes fühlen sie sich schlecht, so lang die Schuld nicht anerkannt ist und das *Kind* nicht gesehen und geliebt wird. Die Lösung ist immer die Anerkennung der Wirklichkeit, die sich etwa ausdrückt in dem Satz: „Ich habe dich geopfert." Wenn er nicht nur so dahingesagt, sondern auch gefühlt wird, geht er augenblicklich mit einem tiefen Gefühl des Bedauerns einher, mit einem tiefen Schmerz. Und es ist dann der Schmerz um das Kind, nicht der um sich selbst. Man kann dann noch sagen: „Es tut mir leid", und als Wichtigstes: „Du hast jetzt einen Platz in meinem Herzen." Mehr aber nicht. Man muss anerkennen, dass es nicht mehr rückgängig zu machen ist und dass die Schuld bleibt. Man muss auf jede Begründung und jeden Versuch, sich zu „ent-schuldigen", verzichten – dann trifft einen die Wirklichkeit mit voller Wucht. Und dann ist das Kind in Frieden, und man selbst kommt auch in Frieden – ich habe noch keine Ausnahme erlebt.

Der Frieden kommt aus dem Anerkennen der Wirklichkeit, wozu auch unser Schuldigwerden gehört. Wer seine Schuld nimmt – demütig, nicht hochmütig –, der kommt in Einklang mit dem ganz gewöhnlichen Leben und mit der Erde, die uns hervorgebracht hat und an die wir, als Menschen, gebunden sind. Über die klaglose Anerkennung ihrer Schuld und das liebende Herz bleiben die Eltern einem abgetriebenen Kind verbunden. Gleichzeitig können sie das Kind dann lassen – als ein Kind, das aufgrund ihres Eingriffs nicht geboren wurde. Dann sind beide frei, das Kind wie die Eltern.

Es gibt aber noch eine Bindung dabei, nämlich die zwischen dem Mann und der Frau, die das Kind gezeugt haben. Die Abtreibung dient ja auch oft dazu, diese Verbindung auszulöschen. Als könne man sie ungeschehen machen. Sie ist aber geschehen, und es gibt kein „Schwamm drüber". In einem Kind werden auch immer der Mann und die Frau aneinander gebunden, die das Kind gezeugt haben. Die Frucht ist die Fleischwerdung ihres Aktes; in dem Kind haben sich Samen und Eizelle und also auch Mann und Frau vereinigt und vereint weitergegeben. Kein Eingriff kann dies rückgängig machen und erst recht kein Argument. Auch das nicht, dass man dies nicht gewollt hat, ja selbst das nicht, dass der Mann die Frau gezwungen hat. Die Bindung ist da, man kann sie sehen. Dieser Mann gehört fortan zur Familie der Frau und diese Frau zur Familie des Mannes.

Trennung und gemischte Familien

Wer heute über Partnerschaft, Ehe und Familie redet, darf über Scheidung und Trennung nicht schweigen. Das Idealbild, wo Mann und Frau sich finden, heiraten, Kinder bekommen und miteinander alt werden, findet sich in der Wirklichkeit eher selten. Sei es, dass Ehen geschieden wurden, sei es, dass schwere Schicksalsschläge Familien auseinander gerissen haben, oder sei es, dass Mann und/oder Frau vor der Ehe (oder einer eheähnlichen Partnerschaft) feste Bindungen hatten, die getrennt wurden: Trennung spielt in der großen Mehrzahl der Familien eine wichtige Rolle. Dabei rede ich nur von faktischen Trennungen, nicht von den Beziehungen, die äußerlich noch existieren, aber innerlich längst getrennt sind.

Das Erste, was hier wichtig ist, ist die Tatsache, dass Trennung immer eine schmerzhafte Erfahrung ist. Dies muss man anerkennen, und man muss bereit sein, diesen Schmerz ganz zu fühlen. Sonst bleibt er in einem stecken und hält einen davon ab, nachfolgende Beziehungen ganz zu nehmen. Ganz abgesehen von den praktischen Folgen: Bei jeder Scheidung stirbt etwas – der Traum eines gemeinsamen Lebens. Das tut weh, und man muss dem Schmerz und der Trauer Raum geben.

Dabei ist es oft so, dass die Beziehungen aufgrund von unbewussten Verstrickungen auseinander gehen und nicht, weil einer der beiden schuld ist. Manchmal ist auch Schuld im Vordergrund und eine Verstrickung im Hintergrund. In den meisten Fällen verdeckt die Suche nach der Schuld oder der gegenseitige Vorwurf jedoch die Trauer und den Schmerz. Dabei ist es hilfreich, auf den Anfang und die guten Zeiten einer Beziehung zu schauen und dann zu sehen, dass sie leider nicht angehalten haben. Dies kann dazu beitragen, sich innerlich mit allem Gewesenen zu versöhnen. Manchmal reicht zur Lösung schon ein einziges Wort: „Schade." Manchmal ist es auch wichtig, dass beide sehen, dass sie einander wehgetan haben, und dass beide ihren Teil der Verantwortung dafür übernehmen. Aber was auch immer passiert ist: Diese Beziehung ist Teil des Lebens und will als solcher gesehen und bejaht werden.

Das Zweite ist, dass die Bindung durch die Trennung nicht aufgehoben wird. Sie besteht fort, wenn auch in anderer Form. Wer sich also von einem Partner trennt, bleibt weiter an ihn gebunden. Nur wenn er dies anerkennt – indem er etwa sagt: „Du bist meine erste Frau, und auch wenn wir getrennt sind, bleibst du meine erste Frau und behältst einen Platz in meinem Herzen" – ist er frei, sich einer neuen Partnerin ganz zuzuwenden. Für diese Partnerin wäre es dann wichtig, dass sie ebenfalls die Dinge anerkennt, wie sie sind, nämlich dass sie die zweite Frau ist und den Mann auf Kosten der ersten bekommen hat. Ein entsprechender Satz wäre: „Ich achte dich als seine erste Frau." Dies gilt auch dann, wenn die Trennung nicht durch Scheidung, sondern durch Tod erfolgte oder die beiden nicht verheiratet waren. Das Übersehen und Übergehen früherer Partner ist ein sehr häufiger Grund für das Scheitern einer Partnerschaft.

Es ist selbstverständlich, dass diese Sätze im Herzen gefühlt werden müssen und nicht einfach als Formeln benutzt werden können. (Dies gilt im Übrigen für alle so genannten Lösungssätze, die sich in vielen Veröffentlichungen zum Familien-Stellen finden. Da ich relativ häufig beobachtet habe, dass sie trotz entsprechender Hinweise in dieser formelhaften Weise benutzt werden, habe ich in diesem Buch weitgehend darauf verzichtet, solche Sätze zu verwenden, obwohl sie oft sehr hilfreich sind, um eine Sache genau auf den Punkt zu bringen.) Wenn zum Beispiel ein späterer Partner einen früheren aktiv verdrängt hat, wird ihm ein solcher Satz nicht möglich sein; er wäre Heuchelei. Tatsächlich fühlen sich solche späteren Partner gegenüber denen, die sie verdrängt haben, innerlich schuldig und trauen sich in der Folge nicht, ihren „Sieg" ganz auszukosten, das heißt dem Partner ganz Mann oder Frau zu sein.

Es kommt häufig vor, dass frühere Partnerschaften abgewertet oder als eine Art Betriebsunfall behandelt werden: „Wir waren noch ganz jung damals", „Das war nur eine Jugendliebe", „Es war halt nicht der Richtige, wir haben uns gleich nach der Hochzeit wieder scheiden lassen", sind solche Abwertungen. Wenn sie vorgebracht werden, wenn ich nach früheren Partnerschaften frage, würde ich fast immer darauf wetten, dass diese Partnerschaften ganz wichtig sind und in die spätere Beziehung hineinstrahlen.

Zum Beispiel stellte eine junge Frau mit zwei Kindern ihre Gegenwartsfamilie auf, weil sie sich von ihrem Mann nicht ernst genommen fühlte. Es wurde sofort deutlich, dass beide sich und ihre Beziehung nicht ernst nahmen. Auf meine Frage nach wichtigen Fakten war die Frau zunächst ratlos, bis ihr dann auf meine gezielte Frage hin einfiel: „Ach ja, ich war schon mal verheiratet. Aber wir haben uns quasi am Hochzeitstag schon wieder scheiden lassen." Ich habe den Mann dazugestellt, und es ergaben sich zwei wichtige Bewegungen: Erstens wurden auf einen Schlag alle ernst, und zweitens wandte die Stellvertreterin der Frau sich mit liebendem Blick dem ersten Mann zu. Dann kam heraus, dass diese Beziehung alles andere als ein flüchtiger Irrtum war, sondern fast tragisch, und dass es immer noch eine Verbindung gab. Da sie und ihr Mann sich aber verhielten, als sei das alles gar nicht wichtig, hatte die Bindung zu dem ersten Mann im Unterbewusstsein umso mehr Gewicht. Die Stellvertreterin der Frau berichtete später, sie habe sich durchaus vorstellen können, ganz zu ihrem zweiten Mann zu gehen, aber nur, wenn die erste Bindung voll gewürdigt sei.

„The First Cut Is The Deepest", hat Cat Stevens in den Sechzigern getextet und gesungen. Sehr tief ist er in jedem Fall – die erste Bindung ist immer die wichtigste. Erst wenn das gesehen und geachtet wird, können spätere Bindungen gelingen.

Wenn Kinder da sind, gilt der gleiche Grundsatz: Die grundlegenden Verhältnisse müssen so gesehen und geachtet werden, wie sie sind. Die grundlegenden Verhältnisse sind, dass die Kinder zu ihren

Eltern gehören. Wenn die Eltern getrennt sind, kann dies natürlich nur innerlich gelten, da sie nur bei einem Elternteil leben können. Aber sowohl dieser Elternteil als auch dessen späterer Partner muss achten, dass, zum Beispiel, der leibliche Vater der Vater ist und bleibt. Der spätere Partner darf sich nie an die Elternstelle setzen. Ich möchte dies an einem Beispiel illustrieren.

Eine Frau kam mit ihrer 15-jährigen Tochter zur Aufstellung, weil diese selbstmordgefährdet sei und zwischen ihr und ihrer drei Jahre jüngeren Schwester eine unerträgliche Hassbeziehung herrsche. Auf Nachfragen teilte die Mutter mit, dass die erste Tochter von ihrem Mann adoptiert sei. Die Kinder waren also Halbgeschwister.

Bei der Aufstellung ging es allen Beteiligten sofort besser, als ich – neben der Frau, ihrem Mann und den beiden Kindern – den leiblichen Vater der ersten Tochter hinzustellte. Er schaute freundlich auf sein Kind, und dessen Stellvertreterin zog es sofort zu ihm hin. Sie umarmten sich innig und standen glücklich nebeneinander. Auch dem Adoptivvater ging es besser. Zwischen der Frau und dem ersten Mann war jedoch noch eine gewisse Spannung, und es kam heraus, dass er von dem Kind überhaupt nichts wusste. Die Frau hatte ihm nicht gesagt, dass sie ein Kind von ihm bekam. Ihr späterer Mann hatte dann das Kind in guter Absicht wie sein eigenes genommen und es, um dies auch rechtlich zu untermauern, adoptiert. Ihm war nicht bewusst gewesen, dass er sich damit an die Stelle des wirklichen Vaters setzte und diesem etwas wegnahm. Er konnte dies aber in der Aufstellung gut nachvollziehen und fühlen, und indem er und seine Frau dem ersten Mann den Platz gaben, der ihm tatsächlich zustand (das bedeutete auch: ihm die Tochter überließen), ging es allen Beteiligten gut.

Das heißt, es ging den Stellvertretern gut. Die Mutter selbst hatte schwer daran zu schlucken, und die Tochter lief schreiend aus dem Raum, als ich der Mutter sagte, sie und ihr Mann müssten die Adoption rückgängig machen. Sie kam nach einer Weile zwar wieder zurück, blieb mir aber für den Rest des Seminars böse. Ich habe dann nichts mehr gemacht.

Ein halbes Jahr später kam jedoch der Mann der Frau, der das Kind adoptiert hatte, zu einem Kurs. Da hatte ich die Aufstellung längst vergessen. Er berichtete von Problemen mit seiner Adoptivtochter, und ich ließ ihn die Gegenwartsfamilie aufstellen. Erst während der Aufstellung fiel mir dann scheibchenweise die erste Aufstellung wieder ein – die Bewegungen der Stellvertreter waren nämlich genau die gleichen, und das brachte, zusammen mit seinen Erläuterungen, die Erinnerung wieder hoch. Der Mann berichtete dann auch, dass seine Adoptivtochter noch immer sehr schwierig sei, sich aber eine leichte Verbesserung seit ihrer damaligen Aufstellung eingestellt habe. Inzwischen hat mir seine Frau in einem Brief mitgeteilt, dass die Tochter sich langsam ihrem leiblichen Vater nähert.

Wenn man diese Grundsätze beachtet und sich nicht über die tatsächlichen Gegebenheiten hinwegsetzt, ist die Situation in gemischten Familien, also Familien mit Kindern von mehreren Eltern, zwar nicht einfach, aber doch entwirrt und entstrickt, weil jeder seinen richtigen Platz hat. Denn wie bei allen Verstrickungen ist es auch hier das Anerkennen der Wirklichkeit, was ordnet und löst.

Sex, Liebe und Gewalt

Das Ineinander von Sex, Liebe und Gewalt

Ich sitze mit einer Freundin, die seit vielen Jahren Seminare für mich organisiert, beim Frühstück. Sie ist seltsam still und zurückhaltend, was nicht ihrer Art entspricht, so dass ich sie schließlich frage: „Gibt's Probleme?"

„Nein", antwortet sie, „eigentlich nicht. Ich bin nur noch ein wenig geschafft und irgendwie auch ziemlich verwirrt von der einen Aufstellung gestern Nachmittag." Als ich sie aufmerksam anschaue, ergänzt sie: „Keine Angst, ich bin schon aus der Rolle raus. Aber ich habe sehr unruhig geschlafen, hatte Schmerzen im Bauch und in der Nierengegend und bin einfach verwirrt. Ich frage mich auch, ob diese Aufstellung etwas mit mir zu tun haben könnte, und heute morgen musste ich dann an meine Tanten denken, die alle drei jetzt Psychopharmaka nehmen müssen."

„Die Aufstellung gestern Nachmittag" war wirklich merkwürdig gewesen, und ihre Frage war nachvollziehbar, denn vor einem halben Jahr hatte sie schon einmal in einer ähnlichen Aufstellung gestanden. Beide Male ging es um eine ganz seltsame Mischung von Sexualität und Gewalt, und beide Male war nicht klar, was genau in der jeweiligen Familie passiert war, und Marianne hatte nicht gewusst, welche Person sie konkret vertrat. Gestern hatte ich sie als „den Knackpunkt" aufgestellt. Das kam so:

Die Klientin war in der Mittagspause zu mir gekommen und hatte mich gefragt, wie ich mit Geheimnissen umgehe, ob sie die preisgeben müsste. „Mir schon", hatte ich geantwortet, „aber wenn du es mir sagst und ich einen Weg finde, stelle ich es so auf, dass die Gruppe nicht weiß, worum es geht." Ich erwartete etwas in der Richtung, dass vielleicht eines ihrer beiden Kinder nicht von ihrem Mann sei, aber sie erzählte etwas ganz anderes. „Es geht um die Locken meines Mannes, wenn er sie schneiden lässt, drehe ich durch." „Du meinst seine *Haare*?", fragte ich sicherheitshalber noch einmal nach, und sie bestätigte: „Ja. Ich kann es einfach nicht aushalten. Er schneidet sie zweimal im Jahr, und ich kann ihn dann nicht mehr ansehen, mir wird regelrecht schlecht und ich drehe total durch. Ich bekomme sogar Panik, wenn ich die Kinder bei ihm abhole." (Sie lebte getrennt von dem Mann.)

Es war besonders die Art, wie sie das sagte, die mich aufhorchen ließ, da war echte Verzweiflung zu spüren. Deshalb stimmte ich zu, darauf einzugehen, ohne eine Ahnung zu haben, wie ich das machen sollte. Nach der Pause bat ich sie dann neben mich, und ich hatte die Idee mit dem „Knackpunkt". Daneben stellte sie noch jemanden für sich selbst und für ihren Mann auf.

Ich bat die Stellvertreter, auf ihre inneren Bewegungen zu achten und ihnen zu folgen. Als nicht viel passierte, bat ich die Klientin nach einiger Zeit, noch eine Person für „die Ursache hinter dem Knackpunkt" dazuzustellen. Sie wählte einen Mann aus, der schon nach einer Minute regelrecht geil zu hecheln begann und im Begriff war, sich auf die am Boden kniende Stellvertreterin der Klientin zu stürzen. Meine Freundin, „der Knackpunkt", stellte sich zunächst schützend dazwischen, wich aber später zur Seite, als sie merkte, dass die Frau offenbar keine Angst vor dem Mann hatte, sondern interessiert aufschaute. Sobald die beiden sich ansahen und niemand mehr zwischen ihnen stand, verwandelte sich die gewaltbereite Geilheit des Mannes in einen Ausdruck von Anbetung und Verzückung. Sie verschmolzen bald in einer sehr zarten, innigen Umarmung und stellten sich dann wie ein Liebespaar nebeneinander.

Nachdem sie eine Weile so gestanden hatten, löste sich die Frau sanft von dem Mann, der sie mit liebendem Blick ziehen ließ, und wandte sich dem Stellvertreter ihres Ehemannes zu. Die Bewegung endete damit, dass der unbekannte Liebhaber sich zurückzog und sich „der Knackpunkt" wie eine Partnerin neben ihn stellte, während die Klientin ihrem Mann gegenüberstand.

Mein Bild war das einer verbotenen Liebe in der Familiengeschichte, in die die Klientin verstrickt war (dazu würde auch die Sache mit den abgeschnittenen Locken passen, denn früher wurden Frauen als Zeichen der Schande manchmal die Haare abgeschnitten), aber das habe ich für mich behalten, denn es wäre eine Interpretation gewesen. Die Klientin war sehr berührt, hatte während der gesamten Aufstellung geweint, und das genügte mir. Ihre Seele war beteiligt. Die Energie, in der sie gefangen gewesen war, war freigesetzt, das Geheimnis war dabei gewahrt geblieben.

Da die Aufstellung meiner Freundin jedoch noch am nächsten Tag zu schaffen machte, berichtete ich ihr die Hintergründe und meine Wahrnehmung des Prozesses. Danach ging es ihr schlagartig besser. Die Aufstellung hatte offensichtlich an etwas gerührt, was auch ihre Familiengeschichte betraf. Als sie mir von den drei Tanten erzählte, von denen eine psychotisch und die beiden anderen depressiv waren, sagte ich ihr, dass viele Aufstellungen mit Psychosekranken darauf hindeuteten, dass es in der Familie einen Mord oder schwere Gewalt gegeben hätte. Sie wusste von nichts dergleichen, aber wir mussten beide an eine Aufstellung denken, bei der sie vor einem halben Jahr in einer ähnlichen Rolle gestanden hatte. Allein das Gespräch darüber wirkte lösend, und wir kamen zu dem Schluss, dass es für sie ein Geschenk war, durch die Übernahme dieser Stellvertreterrollen mit etwas in Kontakt gekommen zu sein, das in ihrer Familie und auch in ihrem Innern wirkte.

Bei dieser anderen Aufstellung ging es um eine Frau, die berichtete, bei der Geburt ihrer Zwillinge seien mehrere Helferinnen zugegen gewesen, und sie habe plötzlich das überwältigende Gefühl gehabt: „Die dürfen meinen Schmerz nicht sehen", und es sei ganz schrecklich für sie gewesen, dass andere sie so erleben. Das war nicht das Anliegen, weshalb sie aufstellen wollte, sie erzählte es scheinbar grundlos, als sie neben mir saß. Mir klang dieser Satz: „Niemand sollte meinen Schmerz sehen" aber in den Ohren, und ich fragte sie, wer denn in ihrer Familie einen schlimmen Schmerz, wahrscheinlich im Zusammenhang mit Sexualität, erlitten habe, den niemand sehen darf? Sie konnte die Frage nicht beantworten. Ich habe sie dann gebeten, jemanden für sich selbst aufzustellen.

Es dauerte nicht lange, bis die Stellvertreterin zu Boden fiel. Mein Bild war: Sie liegt dort wie benutzt und weggeworfen. Die Stellvertreterin berichtete später, sie habe sich zunächst wie tot gefühlt, nach einer Weile jedoch gemerkt, dass sie nicht tot sei. Aber sie wollte sich lieber tot stellen.

Ich habe dann eine Frau für „die Person, zu der der Schmerz gehört", hinzugestellt. Auch diese fiel nach kurzer Zeit zu Boden. Aber als sie ins Bild kam, schaute die am Boden liegende Stellvertreterin der Klientin erstmals vorsichtig auf, und schließlich setzte sie sich. Dann habe ich eine weitere Frau für den Schmerz ausgewählt und dazugestellt. Sie wandte sich sofort mit großer Intensität der am Boden Liegenden zu, es ging eine ungeheure Gewalt von ihr aus. Ich ermunterte die (zögernde) Stellvertreterin, mit der Bewegung zu gehen und die Verantwortung bei mir zu lassen. Sie bewegte sich langsam, wie unter einem inneren Zwang. Zuerst kniete sie sich hin, dann setzte sie sich rittlings auf die Frau, die mit geschlossenen Augen wie in einer Schockstarre auf dem Rücken lag. Ganz langsam bewegten sich ihre Hände über den Körper der Liegenden auf deren Hals zu, und schließlich legte sie ihr zitternd ihre Hände um den Hals, als wollte sie sie erwürgen. Es war unzweifelhaft eine Mischung aus Sex und Gewalt. Im letzten Moment jedoch entspannten sich die Hände, und der Würgegriff wurde zur Liebkosung. Sie legte sich neben die Frau und blieb umschlungen mit ihr liegen. Nach einer Weile öffneten beide unaufgefordert die Augen und schauten sich mit tiefer Liebe an.

Beide Male war es vor allem die Mischung, die irritierte: Sex, Liebe und Gewalt. Sex und Gewalt – okay, das kennt man. Sex und Liebe – das ist schon schwieriger, solls aber geben. Aber Sex und Gewalt und Liebe in einem – das ist eine Zumutung, das kann und darf eigentlich nicht sein. Es begegnet uns in den Aufstellungen aber immer wieder, zum Beispiel wenn es um Vergewaltigungen im Krieg geht. Weil es solch ein großes Tabu ist, ist es jedoch fast immer tief versteckt – und wirkt gerade deshalb als unheilvolles Geheimnis über viele Generationen. Hier war es offensichtlich, dass in der Klientin etwas nachwirkte, was eine Ahnin von ihr – vielleicht mehrere Generationen zurück – erfahren und, so darf man wohl annehmen, verdrängt hatte.

Was uns zutiefst erschreckt, ist die Tatsache des *In*einander, des *Zusammen* von Sex, Liebe und Gewalt. Das anzuschauen können wir kaum aushalten. Denn Liebe ist gut und Gewalt ist böse, und Gut und Böse können, so meinen wir, nicht ineinander existieren. Das sprengt unser Weltbild. Es ist schon schwer genug, Gewalt als etwas Menschliches zu akzeptieren (Gräueltaten werden normalerweise als „unmenschliche" Taten bezeichnet, womit man die allzu schmerzliche Einsicht meidet, dass sie etwas spezifisch Menschliches sind). Psychologen kommen auch nicht umhin zu konzedieren, dass schlimmste Gewalt und Liebe in *einem Menschen* existieren können; sehr schön drückt dies der Titel eines Buches des bekannten Psychoanalytikers Michael Lukas Möller über die Therapie mit der Tochter eines Naziverbrechers aus: „Dabei war ich doch sein liebstes Kind." Dieses Nebeneinander von Massenmörder und liebevollem Vater in einem Menschen ist nicht nur für den Stammtisch völlig unannehmbar, sondern auch für liberale, aufgeklärte Intellektuelle kaum auszuhalten, wenn sie einem solchen Menschen gegenübersitzen.

Deshalb bringt Hellingers Aussage, er stehe bei der therapeutischen Arbeit auf der Seite der Täter (z. B. auch von Inzesttätern oder Naziverbrechern), so viele Gerechte in Wallung. Ganz und gar unmöglich scheint es uns jedoch, dass Liebe, Sex und Gewalt in *einer Handlung* zusammenwirken können, dass sie ein *In*einander, eine Einheit bilden können. Dies rührt an die Grundfesten unseres Weltbildes, nach der das Böse böse und das Gute gut ist. Hier scheint es jedoch plötzlich, als könne auch das Böse gut sein.

Vergewaltigung

Eine Teilnehmerin eines Seminars berichtet, ihr Sohn stamme aus einer Vergewaltigung. Passiert sei das Ganze vor sechzehn Jahren bei einem Auslandsaufenthalt.

Wir stellen zunächst eine Stellvertreterin für sie selbst und einen für den Vergewaltiger auf. Sie stellt die beiden in einem halben Meter Abstand einander gegenüber.

Längere Zeit schauen sie sich in die Augen, sonst passiert nicht viel. Die Frau schwankt ganz leicht vor und zurück, als könne sie sich nicht entschließen, in welche Richtung sie sich bewegen soll. Aber das ist minimal, fast unmerklich. Dann macht sie einen halben Schritt zurück, aber man kann sofort sehen, dass dies eine Ausweichbewegung ist. Sie merkt dies auch, ohne dass ich etwas sage, und geht wieder auf den Mann zu. Ich ermuntere sie, näher zu gehen. Sie nimmt die Bewegung zögernd auf. Sie endet damit, dass sie den Mann umarmt. Nicht sehr innig, aber ruhig und rund – wie man einen Freund umarmt. Nach etwa zwei Minuten löst sie sich und geht wieder einen Schritt zurück, ihn dabei ruhig und entspannt anschauend.

Jetzt bitte ich die Teilnehmerin, jemanden für ihren Sohn dazuzustellen. Sie stellt ihn so, dass zwischen ihm und seinen Eltern ein Dreieck entsteht, wobei der Sohn etwa zwei Meter von beiden entfernt ist. Er schaut hin und her, sein Oberkörper neigt sich mal der Mutter zu, mal dem Vater. Dann bewegt er sich in Richtung Mutter, aber es zieht ihn immer wieder zurück. Ich greife ein und führe ihn an die Seite des Vaters. Seine Augen werden feucht, er lächelt zufrieden, aber etwas unsicher. Später berichtet er, er habe sich an diesem Platz sofort gut gefühlt, aber Angst gehabt, die Mutter zu verletzen. Als er sieht, wie auch ihr Tränen in die Augen treten, sie aber zugleich berührt und wohlwollend schaut, entspannt er sich. Die Mutter sagt (auf meinen Vorschlag hin): „Ich stimme zu“, und zum Sohn gewandt: „Ich stimme dir zu und allen Umständen, die dazu geführt haben, dass du da bist.“ Sie ist sehr bewegt dabei. Da strahlt der Sohn. Auch dem Mann treten Tränen in die Augen. Befragt, wie er sich fühle, antwortet er: „Kleiner, schwächer und weicher.“

Unmittelbar nach dieser Aufstellung meldet sich eine andere Teilnehmerin. Weinend erzählt sie, sie sei als junge Frau einmal knapp einer Vergewaltigung entgangen. Sie sei nur dadurch darüber hinweggekommen, dass sie den Täter gehasst habe, aber jetzt sehe sie, dass dies wohl nicht der richtige Weg sei. Ich habe die Aufstellung im Kapitel „Was ist Wissen?“ geschildert – es ist jene mit dem bewaffneten Überfall, in der die Stellvertreterin sagt: „Der kann mir nichts tun. Das ist ein Würstchen, den mache ich platt.“

Nach ihrer anfänglichen Überraschung kam die Klientin selbst durch diesen Satz wieder mit einer Kraft in Kontakt, die sie jahrelang gemieden hatte, weil sie manchen Menschen in ihrem Umfeld zu viel war. Jetzt konnte sie sehen und anerkennen, wie wichtig diese Kraft war und dass sie sie selbst und ihre Freundin damals gerettet hatte. Die Gruppe war jedoch von den beiden Aufstellungen sehr aufgewühlt. Als ich einige Stunden später in der Schlussrunde alle fragte, wie es ihnen geht, sprachen mehrere Frauen dies noch einmal an. Ich habe folgende Erläuterungen gegeben:

Das Thema Vergewaltigung konfrontiert natürlich jede Frau mit dem Thema Hilflosigkeit und mit ihrem Ausgeliefertsein. Das ist ein Teil eures Lebens als Frau. Das ist so, dem könnt ihr nicht entgehen! Ich habe euch schon einmal gesagt, dass es zum Schicksal der Männer gehört, zu ihrem Leben und zu ihrer kollektiven Erfahrung über hunderttausende von Jahren, dass sie für ihre Familien oder ihren Stamm oder ihr Volk oder ihre Nation ihr Leben lassen müssen. Und dass sie letztendlich bereit sind, das zu tun. Das ist etwas, dem man sich stellen muss als Mann! Und zur kollektiven Erfahrung der Frauen gehört zum Beispiel, dass sie für die Weitergabe des Lebens ihr Leben lassen müssen. Es war hunderttausende von Jahren jedes Mal mit der Gefahr des Todes verbunden, ein Kind zu bekommen. Und es gehört auch zur kollektiven Erfahrung der Frauen, dass sie sozusagen vom Lebensprozess selbst dazu benutzt werden, das Leben weiterzugeben. Und manchmal werden sie auch von den Männern dazu benutzt. Das ist so. Wenn ich auf das Ganze in einem sehr großen Zeitraum schaue, ist das die Art und Weise, wie sich das Leben entwickelt. Es fragt nicht nach unseren Gefühlen.

Was jetzt die konkreten Sachen angeht, habt ihr alle hier diese beiden Aufstellungen gesehen. Ich will sie nicht interpretieren. Jeder von euch kann dazu innerlich eine Stellung beziehen. Ich würde euch aber vorschlagen, bezieht diese Stellung nicht aus euren Vorstellungen heraus, sondern stellt euch dem, was ihr hier gesehen habt. Das heißt nicht, dass das immer gleich ist. Wir konnten hier zwei völlig unterschiedliche Aufstellungen zum vordergründig gleichen Thema sehen. Und ich habe auch sehr viele verschiedene Aufstellungen zu diesem Thema gesehen, aber die Grundbewegungen, die ich in den meisten Aufstellungen gesehen habe, zum Beispiel auch bei Vergewaltigungen im Krieg oder auf der Flucht, da war die Bewegung ähnlich der wie hier in der ersten Aufstellung. Das ist meistens die Lösung – das Opfer geht auf den Täter zu. Hier war etwas Besonderes dabei, weil ein Kind daraus hervorgegangen ist. Und für das Kind ist es natürlich ganz wichtig, dass seine Mutter dem ganzen Geschehen zustimmt, sonst kann sie nämlich auch dem Kind nicht ganz zustimmen, denn ohne Vergewaltigung würde es nicht existieren. Das muss man sehen: Ohne die Vergewaltigung würde das Kind nicht existieren! Man kann das nicht trennen!

Manchmal ist das Besondere auch, dass das Opfer mit Liebe auf den Täter zugeht und ihm ganz inniglich verbunden ist.

In meiner ersten Begegnung mit Bert Hellinger hat er gesagt (es kann auch sein, dass ich es irgendwo bei ihm gelesen und ihn dann darauf angesprochen habe): „Ich stimme der Welt zu, so wie sie ist." Das schien mir eine ungeheuerliche Aussage, und ich hatte Zweifel, ob jemand dies wirklich kann. Aber nach ein paar tausend Aufstellungen muss ich sagen, dass dies der Weg ist. Wenn man wirklich mit sich und seinem Leben in Einklang kommen, wenn man darüber hinaus vielleicht auch noch als Therapeut anderen Menschen dabei helfen will, dann ist das die Voraussetzung, um wirklich in die Tiefe zu gehen.

Man muss der Welt so zustimmen, wie sie ist! Mit Tod, mit Krankheit, mit Krieg, mit Verbrechen, mit allem! Und das ist nichts Trauriges! Es ist manchmal schwer, sehr schwer! Das ist genau das, was die Griechen früher Katharsis genannt haben und was einige moderne Bewegungen damit verwechselt haben, dass man in der Therapie herumschreit. Das hat nichts mit Katharsis zu tun. Katharsis ist eine tiefe Reinigung des Geistes von all unseren Vorstellungen, so dass wir nackt der Welt gegenüberstehen, so, wie sie ist. Ohne unsere Vorstellung, was gut ist und was schlecht ist und was sein sollte. Dadurch entsteht eine unmittelbare Begegnung mit dem Leben, auch mit den schrecklichen Aspekten.

Das wird uns auch dann erschrecken, wenn wir dem zustimmen. Das Erschrecken bleibt. Wenn wir das alles, so, wie das Leben ist, mit der ganzen Wucht auf uns einwirken lassen, dann werden wir im Innersten erzittern. In diesem Erzittern werden wir verwandelt. Nicht weil wir uns ändern wollen, sondern das macht die Wirklichkeit selbst, wenn wir uns ihr überlassen.

Ich habe in dieser Gruppe erlebt, dass dies nichts Schlimmes ist, wir haben hier schwere Schicksale gehabt, und es haben sich tiefe Aufstellungen ergeben, und es war trotzdem auch immer eine Leichtigkeit (keine Oberflächlichkeit) im Raum. Und ich muss sagen, ihr habt es mir auch leicht gemacht. Ich habe gemerkt, wie der Prozess von Anfang an sehr gut lief. Dass es heute Morgen beispielsweise so schnell ging, das hat auch damit zu tun, dass in der Gruppe so eine Tiefe erreicht ist, wo man einfach mit diesen Geschichten fließt. Das ist nicht in jeder Gruppe so.

TEILNEHMERIN *Was ist mit dem Täter? Muss man dem immer verzeihen?*

NELLES *Es gibt viele verschiedene Ebenen des Themas, die darf man nicht miteinander vermischen.*

Die eine Ebene ist, dass ein Täter ein Täter ist und für seine Tat zur Verantwortung gezogen werden muss! Wenn ich mit einem Täter arbeiten würde, dann würde ich dem nicht einen Millimeter Raum geben, um sich um diese Tat und ihre Folgen herumzudrücken. Das ist ganz klar.

Die zweite Ebene ist: Wenn du zum Beispiel, wie in dem Fall, den du geschildert hast …, das war eine völlig natürliche Reaktion: Du hast ihn vors Schienbein getreten, bist abgehauen – völlig richtig! Es gibt nichts dagegen zu sagen! Die Philosophie des Familien-Stellens ist nicht: Liebe deinen Feind. Wenn dich jemand angreift, dann wehre dich ruhig! Es gibt in uns einen unmittelbaren Impuls (und da ist die Wut ein ganz wichtiger Mechanismus), uns zu schützen und zu wehren. Und wenn wir angegriffen werden, ist es gut, wenn man diese ganze ursprüngliche Energie zur Verfügung hat.

Die dritte Ebene ist: Wenn einem jetzt so etwas passiert ist, wie wir es hier erlebt haben – was hilft dieser Person, innerlich mit sich und ihrem Leben in Einklang zu sein? Hilft es ihr, wenn sie zwanzig Jahre lang innerlich ihre Wut pflegt? Hilft es ihr, wenn sie zwanzig Jahre lang den Satz nährt in sich: „Ich arme Frau, der das passiert ist!"? Oder hilft es ihr, wenn sie auf das Geschehene schaut als eine Erfahrung, die sie in ihrem Leben gehabt hat und der sie als eine solche zustimmt?

Was ich sagen kann aus der ganzen Arbeit, ist, dass nur das Letztere hilft. Und ich sage das nicht, weil ich dieser Meinung bin, sondern ich sage das, weil ich das in vielen Aufstellungen gesehen habe. Und das trifft jetzt nicht nur zu auf das Thema Vergewaltigung. Das trifft genauso auf viele andere Themen zu, wo jemandem etwas Schlimmes, etwas Schweres im Leben passiert ist oder von jemand anderem angetan wurde.

Was wir hier machen, ist eigentlich nur, auf die Tatsachen zu schauen. Und die Tatsache ist: Das hat sich ereignet, das ist so gewesen! Und jeder Versuch, das, was sich ereignet hat, das, was gewesen ist, in irgendeiner Weise wegzudrücken oder umbiegen zu wollen, fesselt einen da dran! Was einen davon freimacht, ist, wenn man sagt: Ja, das ist eine Erfahrung in meinem Leben. Die habe ich gemacht. Die Erfahrung war vielleicht nicht angenehm oder sogar viel schlimmer, es hat sehr wehgetan. Aber auch Erfahrungen, die einem wehgetan haben (denkt mal an die ganzen Männer, die im Krieg gewesen sind, was die für Erfahrungen machen mussten), gehören zum Leben und haben einen zu dem gemacht, der man heute ist. Wir haben sie überlebt und sind immer noch da! Und vielleicht, ich gebe das zu bedenken, machen uns schlimme Erfahrungen sogar reicher, und ohne sie hätten wir weniger Fülle. Das heißt nicht, dass man sie suchen sollte, aber wenn sie einem widerfahren, ist das der Weg, damit umzugehen.

Wenn man diese Erfahrungen so nimmt, kann man von da aus in seinem Leben weitergehen. Wenn jemand ständig sagt: „Ich armer Kerl, ich musste mit fünfundzwanzig in den Krieg, und mit dreißig bin ich wieder rausgekommen, und ich musste das und das erleben ..." – das hat er alles erlebt, und das war schlimm! Aber wenn er mit fünfzig Jahren immer noch daran festhängt, wenn er damit hadert und sagt: „Ich bin ein armes Schwein, weil mir das passiert ist", dann hilft es ihm nicht, wenn ich mich hinstelle und sage: „Du hast Recht. Ich bedauere dich."

Die Frage, die ich immer stelle, ist: Was hilft der betroffenen Person?

Und wenn ich mit einem Täter arbeiten würde, würde ich genau diese Frage stellen: Was hilft ihm? Und ihm würde es helfen, wenn er die volle Verantwortung mit allen Konsequenzen für seine Tat trägt. Wenn ich aber, wie es meist der Fall ist, mit dem Opfer arbeite, dann schaue ich, wie es mit dem, was geschehen ist (und was nicht mehr ungeschehen gemacht werden kann), in Frieden kommen kann. Nur so kommt es nämlich in Frieden mit seinem Leben.

Kollektive Schicksalsbindungen und ihre Auswirkungen auf die Familie

Der Krieg

Ich habe oben geschildert, wie schwere schicksalhafte Ereignisse in einer Familie fast reflexhaft ausgeblendet werden. Kollektiv ist in Deutschland – und in anderen Ländern ebenfalls, wenn auch auf je eigene Weise – etwas Ähnliches mit dem Krieg passiert und dem, was im Dritten Reich geschah: Man hat nach vorne geschaut und versucht, das Ganze möglichst schnell zu vergessen. Vielleicht war dies damals gar nicht anders möglich. Vielleicht ist dies eine natürliche Überlebensstrategie, um nicht ganz in einem kollektiven Trauma zu erstarren. Was die Ahnung der unermesslichen Schuld in der Seele des Volkes, was der Krieg in den Seelen der hunderttausende Familien, die ihre Söhne und Ehemänner und Väter verloren haben, und in den Seelen der Millionen junger Männer, die ihn überlebten, angerichtet hat, können wir Nachgeborenen nie ermessen.

Ich bin 1948 geboren, drei Jahre nach Ende des Krieges. Meine Eltern haben mich Wilfried genannt, was mir ein Freund einmal als „der Wille des Friedens" deutete. Ich hatte immer gedacht, es könne „Wille *zum* Frieden" bedeuten, aber „Wille *des* Friedens" gefällt mir noch besser.

Der Friede war noch jung und zerbrechlich damals, offiziell gab es ihn noch gar nicht. Nur ein Waffenstillstand existierte, und der schien immer auf der Kippe zu stehen. Der Krieg war in meiner Kindheit noch immer gegenwärtig, wie ein Schatten, aus dem jederzeit lebendige Gestalten springen können. Gerade mal drei Jahre war er vorbei, und meine Eltern machten sich an den Aufbau eines gemeinsamen Lebens. Welch ein Mut, welch eine Zuversicht! – denke ich heute manchmal. Sie haben sich einfach dem Leben gestellt und sich darauf eingelassen, was es brachte. Sie hatten fast nichts, nur die Wunden des Krieges und die Bereitschaft, neu anzufangen.

Zwei Jahre vorher hatte meine Mutter mit ihrer Mutter das letzte engere Familienmitglied verloren. Das war 1946, sie war zwanzig. Ihre beiden Brüder, ein und zwei Jahre älter als sie, waren 1944 gefallen. Zuerst der jüngere, auf dem Rückzug im russischen Winter, von Granatsplittern getroffen, ein halbes Jahr später der ältere auf dem Balkan nach einem Bauchschuss (exakt sieben Jahre später, an seinem Todestag, wurde meine Schwester geboren). Sie waren zwanzig und einundzwanzig Jahre alt geworden.

Ihren Vater hat meine Mutter nie gekannt, er war vor ihrer Geburt tödlich verunglückt. So war sie also mit zwanzig Jahren als einzige übrig geblieben. Aber da kannte sie schon meinen Vater, und sie schauten nach vorn, auf das, was vor ihnen lag.

Mein Vater hatte ebenfalls den ganzen Krieg mitgemacht, beim Ausbruch war er siebzehn und bereits im Arbeitsdienst nahe der polnischen Grenze. Auch ihn hatten Granatsplitter getroffen, aber sie haben ihm wohl das Leben gerettet, da sie ihn ins Lazarett brachten und so davor bewahrten, wie der Großteil seines Jahrgangs (1922) in Stalingrad zu sterben. Auch seine vier erwachsenen Brüder (zwei weitere waren kurz nach der Geburt gestorben) hatten alle überlebt. Jetzt begann etwas Neues, vielleicht. Man ließ sich einfach treiben und tat, was zu tun war.

Als mein Vater zwanzig wurde, steckte er irgendwo im tiefsten Russland, um ihn herum Krieg, Elend, Zerstörung. Wie viele Jungs und Männer, wie viele Freunde oder Kameraden hat er sterben gesehen? Ich habe ihn nie gefragt, und hätte ich es, hätte ich mir doch nie vorstellen können, was das für einen so jungen Mann, der gleich nach der Lehre in den Krieg musste, bedeutet. Von sich aus redete er nicht darüber. Nur ein Mal hat mir erzählt, dass eine seiner schrecklichsten Erfahrungen war, dass er einmal eine Nacht lang einen jungen russischen Gefangenen bewachen musste, der am nächsten Tag hingerichtet werden sollte; er habe ihn nach seiner Mutter rufen gehört, er sei noch jünger gewesen als er selbst, und er hätte nichts machen können, ohne selbst an die Wand gestellt zu werden.

Und ich? Als ich zwanzig wurde, fühlte ich mich den Studenten verbunden, die in Kalifornien „Sit-in's" und „Love-in's" veranstalteten oder in Paris und Berlin auf die Barrikaden gingen. Auch damals gab es Krieg, aber der war in Vietnam, und wir konnten uns den Luxus leisten, dagegen zu demonstrieren und darüber relativ folgenlos zu debattieren. Meine Erfahrung war im Wesentlichen eine von – nicht gerade üppigem, aber doch langsam zunehmendem – Wohlstand und relativer Sicherheit – beides Dinge, die wir unseren Eltern zu verdanken hatten und ihnen (kollektiv) gleichzeitig ankreideten (am heftigsten taten dies diejenigen, die aus reicheren Familien kamen und nicht, wie ich, als Kind noch Knappheit und Armut kennen gelernt hatten).

Ich bin froh und dankbar, dass ich mit all diesen Gütern gesegnet war und bin, dass ich über fünfzig Jahre Frieden und Wohlstand erleben durfte und meine Kinder Mangel, Elend und Krieg nur aus dem Fernsehen kennen. Es gibt da nichts zu bewerten, kein Gut oder Schlecht, wie es manche Pädagogen tun, die der heutigen Jugend ihre Wohlstandserfahrung und die daraus erwachsenden Einstellungen geradezu vorwerfen. Es ist, wie es ist, und die Erfahrungen meines Vaters und meiner Mutter waren für sie genauso richtig und wichtig wie die meinen für mich und die meiner Kinder für sie.

Meine Erfahrung ist eine andere als die meiner Eltern, weil auch meine Zeit eine andere ist. Dass die Generation meiner Eltern und meiner Großeltern vieles falsch gemacht haben (nach 1945 ebenso wie davor) und viele persönlich schuldig geworden sind, steht außer Frage. Aber ebenso scheint mir außer Frage zu stehen, dass sich niemand seiner Zeit und ihren kollektiven Kräften entziehen kann und dass es den Kindern einer anderen Zeit nicht zusteht, darüber zu urteilen.

Die Aufstellungen vermitteln uns Späteren eine kleine Ahnung davon, was damals in den Seelen der Betroffenen vor sich gegangen ist, und wenn man dies erlebt, wird man still und zurückhaltend mit Urteilen. Ich möchte dazu zwei Beispiele bringen.

Michael ist auf den ersten Blick ein ruhiger Mittdreißiger mit einer zugleich männlich-kraftvollen wie auch sanften Ausstrahlung. Dem zweiten Blick offenbart sich eine tiefe, traurig-schwere Müdigkeit, gepaart mit Wut, Schmerz und Überdruss. Er bezeichnet sich selbst als Zigeuner, der sich irgendwie durchs Leben schlägt. Zurzeit überwintert er zusammen mit seiner Freundin in seinem alten Wohnmobil auf La Gomera, wo auch das Seminar stattfindet. Einerseits möchte er mit seiner jetzigen Freundin gerne eine dauerhafte Partnerschaft eingehen und vielleicht auch ein Kind haben, andererseits traut er sich (und ihr) nicht die notwendige Stabilität zu. Er hat das Zigeunerleben satt, sieht aber keine Alternative. „Ich fühle ganz klar, dass ich an einem Wendepunkt meines Lebens stehe, aber wenn ich nach vorne schaue, ist da nur Leere."

Nachdem in der Aufstellung seiner Freundin, die ebenfalls an der Gruppe teilnimmt, Kriegsereignisse eine wichtige Rolle spielten, sitzt er bald neben mir: „Ich sehe nur noch Krieg", sagt er, „es lässt mich nicht mehr los." Auf meine Frage, was sein Vater im Krieg gemacht habe, erzählt Michael, er sei Stuka-Pilot (Stuka ist die Abkürzung von Sturzkampfbomber) gewesen, habe die meiste Zeit in Russland an der Front gedient und sei Staffelführer gewesen. Ich bitte ihn, zunächst nur den Vater aufzustellen. Nachfolgend gebe ich den Bericht des Stellvertreters des Vaters wider, wie dieser ihn im Anschluss an die Aufstellung aufgezeichnet hat (Kursivdruck). Zwischendrin berichte ich kurz über meine eigenen Beobachtungen und die weiteren Schritte, die ich während der Aufstellung vorgenommen habe.

Ich stehe allein, die Füße fest am Boden, den ganzen Körper leicht vorgebeugt. Es ist ein gutes Gefühl, wie im warmen Wind, der von hinten nach vorne treibt. Der Blick ist schräg nach unten gerichtet, zirka zweieinhalb Meter vor den eigenen Füßen, wie beim Flug eines Adlers. Ja, es ist wie fliegen.

Mit der Zeit wird die zunächst angenehme Position immer angespannter, und der Blick wird starr. Die Position wird unerträglich. Eine Lösung der Füße von ihrem Platz ist nicht möglich. Mein ganzer Körper beginnt zu zittern, zugleich bin ich wie erstarrt.

Ich habe den Stellvertreter des Vaters mindestens fünf Minuten ohne jeden Kommentar stehen lassen. Anfangs dachte ich, er fällt vornüber zu Boden. Als ich ihn darauf hinweise, dass er ganz mit jeder Bewegung gehen soll, die aus seinem Körper heraus geschieht, sagt er: „Ich kann mich nicht bewegen." Als das Zittern in seinem Körper immer stärker und der Körper immer verkrampfter wird, stelle ich seitlich vier Stellvertreter für Piloten aus seiner Staffel auf (ich vermute, dass etliche davon gefallen sind und dass dies den Vater vielleicht belastet). Michael bestätigt unaufgefordert, die meisten davon seien gefallen, und berichtet weiter, dass die Staffel, als die Wehrmacht von den Russen zurückgedrängt wurde, auch Vergeltungsangriffe auf russische Dörfer geflogen habe. Sein Vater habe von solchen Einsätzen erzählt, die offiziell nicht stattgefunden hätten. Daraufhin lege ich an die Stelle, wo der Blick des Vaters wie gebannt festhängt, fünf Vertreter für zivile Opfer der Stukas hin, dahinter stelle ich noch vier russische Soldaten und schließlich (etwas später) zwei Meter hinter den Vater einen Vertreter für die „oberste Kriegsleitung".

Die Gefühle werden intensiver: Panik, Angst, Todesangst. Ich denke nur noch an den Tod, den Tod, den ich bringe, und den Tod, der auf mich wartet. Ich möchte abdrehen. Der Einsatz muss doch irgendwann zu Ende sein! Aber es gibt kein Ende, kein Entkommen! Ich kann es nicht mehr ansehen und schließe die Augen. Verkrampftes Atmen.

Vielleicht kann ich nach links abdrehen (jetzt wird links hinter mir die oberste Heeresleitung aufgestellt). Kein Entkommen. Nur der Tod bedeutet Rettung.

Langsam und schmerzhaft sinke ich zusammen. Ich kämpfe dagegen an und weiß doch, dass die Erlösung dort unten ist. Als ich auf dem Boden angekommen bin, entspannt sich mein Körper. Ein wohliges Gefühl. Ich werde eins mit dieser zarten, warmen Erde. (Seine Hände streicheln ganz zart den Boden.) *Alles andere ist egal. Ich genieße meine Erlösung. Hier werde ich immer bleiben.*

Erst an dieser Stelle wird klar, dass es der Tod und das Grauen des Krieges an sich sind, worin der Vater verstrickt ist. Die gefallenen Kameraden, die feindlichen Soldaten und auch die getöteten Zivilisten spielen für seinen Prozess keine Rolle (ihre Stellvertreter beachten ihn auch kaum, sondern orientieren sich, soweit sie nicht wie tot zu Boden stürzen, an anderen Feinden bzw. der Kriegsleitung). Sie sind nur insofern wichtig, als sie (einschließlich der obersten Kriegsleitung) den Rahmen abstecken, innerhalb dessen sich sein Schicksal zwanghaft vollzieht. Jetzt führe ich Michael selbst in die Aufstellung und stelle ihn einen Meter neben seinen liegenden Vater, ohne etwas zu sagen (überhaupt hat bisher, d. h. seit 20–30 Minuten, niemand gesprochen – abgesehen von meinem kurzen Dialog mit Michael über die Art der Einsätze seines Vaters).

Der Therapeut fordert mich auf, die Augen zu öffnen und meinen Sohn anzuschauen. Mein Friede wird gestört. Er tut mir leid, aber ich kann ihm doch nicht helfen. Ich würde gerne, will aber auch meinen Frieden nicht stören lassen.

Mein Sohn kniet sich zu mir. Legt seinen Kopf auf mich. Legt sich neben mich (nachdem ich ihn dazu aufgefordert habe. Michael beginnt heftig zu weinen und bleibt lange beim Vater). *Er muss sich nehmen. Ich kann nichts geben. Mit Schmerzen führe ich meine Hand zu seiner, fasse seine Hand. Das ist das Äußerste, was ich geben kann. Er ist eine unendliche Last für mich. Und doch liebe ich ihn.*

Er geht, vom Therapeuten aufgefordert, von mir weg zu seiner Mutter (für die ich jetzt eine Stellvertreterin aufgestellt habe). *In Gedanken sage ich zu meiner Frau: „Du musst es alleine schaffen. Ich kann hier nicht weg." Sie wendet sich mit ihm ab* (auf Anweisung von mir).

Ich finde zu meiner Entspannung zurück. Ich lege mich auf den Rücken. Ich sehe die Wolken und träume vom Fliegen.

Hier sieht man, was der Krieg in der Seele eine jungen Mannes bewirken kann. Der Vater hat physisch überlebt, aber seine Seele konnte nicht mehr am Leben teilhaben. Der Sohn hat sich daran gerieben, dass sein Vater nicht wirklich für ihn und die Familie da war, hat mit ihm gehadert, ohne auch nur ahnen zu können, wohin es den Vater mit aller Macht zog. Innerlich blieb er dem Vater jedoch treu, indem er das Leben in mancherlei Hinsicht verachtete und sich keinen guten Platz im Leben und an der Seite einer Frau gönnte. Vier Tage später, am Ende des Seminars, habe ich ihn mit seiner Freundin aufgestellt. Er schaute sie liebevoll an, und als sie ihn zweifelnd ansah, legte er seinen Arm um sie. Er sah kraftvoll und zuversichtlich aus. Ich bat sie, die ebenfalls ein schweres Kriegsschicksal übernommen hatte, zu ihm zu sagen: „Bitte halte mich, damit ich bleiben kann." Als sie es sagte, wurde sie weich und lebendig, das Schwere fiel von ihr ab und sie lehnte sich an ihn an. Er schaute sie an und stimmte bewegt und kraftvoll zu. „Eine gute Aufgabe für den Sohn des Stuka-Piloten", entfuhr es mir noch. Als ich mich am nächsten Tag verabschiedete, meinte er, er sehe jetzt eine Zukunft vor sich.

Es gibt in Deutschland fast keine Familie, die nicht schwer vom Krieg betroffen wäre. Auf dem Soldatenfriedhof meines Heimatdorfes habe ich über fünfzig gefallene oder vermisste junge Männer gezählt. Bei damals vielleicht 700 Einwohnern sind das fünf ganze Männerjahrgänge. Die generationsübergreifende Verstrickung mit diesen

Schicksalen geht weit über die unmittelbaren Erlebnisse der Eltern hinaus. Viele Nachkriegsgeborene sind mit ihren gefallenen oder vermissten Onkeln, den Brüdern der Eltern, in tiefer Liebe verbunden, obwohl sie diese nur in Gestalt von Soldatenfotos kennen. Diese Liebe und die Bindung an die Toten und ihr Schicksal sind ihnen nicht bewusst, aber in den Aufstellungen kann man sie sehen. Man braucht nur einen Vertreter für die Toten aufzustellen und die Stellvertreter der Neffen sie anschauen und sagen zu lassen: „Du bist mein Onkel", und die Stellvertreter der Neffen bekommen feuchte Augen oder fangen heftig an zu schluchzen. Dies betrifft meist die Männer. Die Frauen haben ihre eigene, andere Betroffenheit durch den Krieg, die, neben der nicht gelebten Trauer um gefallene Väter, Männer und Söhne, häufig mit ihrem Geschlecht und erzwungener Sexualität zu tun hat. Stellvertretend für viele möchte ich einen Fall schildern.

Er betraf eine Frau, die eine Psychotherapeutin an mich verwiesen hatte. Sie sah sehr, sehr schlecht aus. Mager, bleich, ängstlich, bedrückt und beladen. Wie jemand, der wirklich dringend Hilfe brauchte. Sie war schon lange in Einzeltherapie, aber es hatte sie nicht entscheidend weitergebracht, und die Therapeutin schätzte sie als stark suizidgefährdet ein. Nachdem sie die Stellvertreterinnen aufgestellt hatte, sanken ihre eigene Stellvertreterin und die Stellvertreterin ihrer Mutter zuerst langsam in die Knie, um sich dann ganz auf den Boden zu knien, mit dem Kopf auf der Erde und den Händen schützend darüber verschränkt. Auf meine Frage, was da passiert sei, wusste die Aufstellende keine Antwort. Ich insistierte:

„Da ist etwas passiert in der Familie der Mutter, etwas ganz Schlimmes!"

Sie zuckte mit den Achseln. Ich unternahm einen letzten Versuch:

„Was hat der Vater der Mutter im Krieg gemacht?"

„Er war Binnenschiffer, er brauchte nicht in den Krieg."

Ihr fiel nichts ein, was die heftige Reaktion der Stellvertreterin ihrer Mutter erklärt hätte. Also musste ich die Aufstellung abbrechen. Man könnte nun natürlich vermuten, dass die Methode nicht funktioniert oder dass die Stellvertreterin etwas falsch wiedergibt, vielleicht eigene Gefühle ausdrückt. Aber alle Erfahrungen aus Familienaufstellungen sprechen dagegen, und ich blieb dabei, dass da etwas Schlimmes passiert sein müsste, dass ich es aber so stehen lassen müsse, wenn keine weiteren Informationen kommen. Die Gruppenteilnehmer waren etwas schockiert, sie wollten der Frau helfen, aber ich sah keine Möglichkeit, außer ihr zu empfehlen, das Bild in sich wirken zu lassen. Ich habe dann mit den anderen weitergearbeitet und die Frau sich selbst überlassen.

Am nächsten Morgen ging es ihr noch schlechter als sonst. Sie berichtete, sie habe die ganze Nacht nicht geschlafen, allerdings sei ihr etwas eingefallen: Mit dem Schiff des Großvaters sei etwas gewesen, die Russen hätten es ihm am Kriegsende wegnehmen wollen, es ihm aber dann doch gelassen. Dabei sei auch etwas mit dem Bruder der Mutter passiert. Er sei damals fünfzehn gewesen und hätte für einen Monat in eine Nervenheilanstalt gemusst. Näheres wisse sie jedoch nicht.

Das genügte mir, jetzt hatte ich einen Faden. Sie stellte das System noch einmal auf und stellte dann den Großvater, die Großmutter und den Bruder der Mutter dazu. Wieder ging die Mutter in die Knie, die Großmutter ebenfalls. Großvater und Onkel standen steif und entsetzt da, unfähig, sich zu bewegen. Ich wählte aufs Geradewohl drei Männer aus, die für die russischen Soldaten stehen sollten, und sobald sie standen, war mit einem Schlag klar, was geschehen war: Die beiden Frauen, die Mutter der Teilnehmerin war damals sechzehn, hatten den Preis dafür bezahlt, dass die Familie das Schiff behalten durfte, und die Männer mussten es hilflos mit ansehen. Kein Wunder, dass der damals 15-jährige Onkel einen Nervenzusammenbruch erlitt, als Mutter und Schwester vor seinen Augen vergewaltigt wurden.

Wie kann so etwas gelöst werden? Wie kann in die Seelen der Beteiligten und ihrer Nachkommen (die aufstellende Frau war ihrer Mutter und Großmutter im Schmerz zutiefst verbunden) Frieden einkehren? Ich hatte keine Ahnung, aber ich vertraute darauf, dass die Antwort im Wissensfeld vorhanden ist, und dass sich genau das zeigt, was die Aufstellende braucht. Zunächst bat ich die am Boden zusammengekauerte Stellvertreterin der Mutter, die Soldaten anzuschauen. Als sie dies tat, kehrten ganz allmählich das Leben und die Kraft in sie zurück. Schließlich richtete sie sich auf, wobei sie die ganze Zeit nur einen von den dreien ins Auge fasste. Dieser, offensichtlich der Anführer, hatte zunächst sehr verächtlich auf die Szene geschaut. Jetzt wurde er zunehmend unsicherer und schwächer –

ein Geschehen, das immer zu beobachten ist, wenn Opfer und Täter sich in die Augen schauen: Das Opfer wird stärker und der Täter schwächer. Aber zur Lösung war es noch ein weiter Weg.

Ich stellte Vertreter für Russland und für Deutschland dazu, damit der Kontext des Geschehens, der Krieg, deutlich wurde. Dies brachte aber zunächst nur wenig Bewegung, eher verhärteten sich die Fronten wieder. Jetzt standen sich einfach feindliche Lager gegenüber. Da kam mir, wie oft in solchen Situationen, eine plötzliche Eingebung: „Stelle die Mutter des Soldaten hinzu!" Ich hatte das noch nie gemacht, es war, als hätte es mir jemand zugeflüstert, aber ich setze es dann gleich um, ohne weiter darüber nachzudenken.

Sofort kam Bewegung in die Gruppe. Jetzt wurde deutlich, dass es sich hier um ein menschliches Drama im Kontext des Krieges handelte, und alles musste angeschaut und gewürdigt werden: der Krieg, das Leid, das Deutschland Russland, und hier insbesondere auch seinen Müttern und Töchtern, zugefügt hatte, die kollektive Verstrickung und das Persönlich-Menschliche, auch das Furchtbarste darin. Würdigen heißt hier, es einfach so sein lassen, wie es ist. Nach einigen Sätzen, die ich den Stellvertretern vorschlug und die dies ausdrückten (z. B. sagte die Mutter zu der russischen Mutter: „Wir Deutschen haben deinem Land viel Leid zugefügt"), zog ich mich ganz zurück, und es entwickelte sich – über einen Zeitraum von etwa zwanzig Minuten – eine bewegende Versöhnungsszene.

In der Pause danach kam die Teilnehmerin zu mir und erzählte, dass ihre drei Kinder alle in der Schule Russisch lernen und die beiden älteren es bereits gut sprechen. Einfach so, es gab da – bewusst – keinen besonderen Grund für, außer dass sie „zufälligerweise" eine der ganz wenigen Schulen besuchten, die überhaupt russisch anbieten. Der jüngste, ein Sohn, hatte allerdings Probleme damit, weil er eine große, in der Sache nicht begründete Angst vor dem Lehrer hatte, einem deutschstämmigen Russen aus Kasachstan.

Der Teilnehmer, der für den Haupttäter stand, hatte übrigens drei Jahre zuvor seine Herkunftsfamilie aufgestellt. Seine Mutter war ebenfalls von mehreren russischen Soldaten vergewaltigt worden. Niemand außer mir wusste das – und auch mir fiel es erst wieder ein, als er in der Stellvertreterrolle eines Russen dastand. Jetzt durfte er als Stellvertreter die andere Seite erfahren (ein Phänomen, das sehr oft vorkommt). Das war für ihn, wie er mir später sagte, genauso wichtig wie die Aufstellung selbst. Zwei Monate später erhielt ich eine Heiratsanzeige – er hatte sich endlich getraut, seine Lebensgefährtin zu heiraten.

Von der Therapeutin der Teilnehmerin erfuhr ich ein halbes Jahr später, dass es ihr wesentlich besser gehe und sie die Therapie jetzt zunächst einmal ausgesetzt habe.

Man könnte aus diesen Beispielen den Schluss ziehen, den Krieg verdammen und „für den Frieden kämpfen" zu müssen. Dies wäre ein Kurzschluss. Abgesehen davon, dass auch die Friedenskämpfer Kämpfer sind und dabei oft eine sehr kriegerische Energie offenbaren, ist es so, dass der Krieg wohl zum menschlichen Dasein dazugehört. Wir müssen ihn *nehmen*, nicht bekämpfen!

Dies ist keine politische Aussage. Es ist sicher die vornehmste Aufgabe der Politik, Kriege zu verhindern. Politik ist, genau betrachtet, die Kunst, den Krieg mit anderen Mitteln zu führen. Die verbreitete Auffassung, der Krieg sei die Ultima Ratio (der letzte Ausweg) der Politik und ihre Fortsetzung mit anderen Mitteln, halte ich für antiquiert. Es ist genau anders herum: *Politik ist die zivilisierte Form des Krieges! Sie ist seine Fortsetzung mit anderen Mitteln*. Dies wäre eine moderne Sichtweise, die den Stellenwert und das Ansehen der Politik enorm erhöhen und die Auseinandersetzung zwischen Völkern, Ethnien, Staaten oder anderen Gruppen auf ein zivilisatorisches Niveau heben könnte. Dabei müssten aber auch die hehren Anforderungen an die Politik aufgegeben werden, sie wäre einfach die hohe Kunst der zivilisierten Kriegsführung.

Der Krieg wäre in einer solchen Sichtweise aber nicht verschwunden oder gar ausgemerzt, sondern als notwendiger Bestandteil der bisherigen Menschheitsgeschichte anerkannt und, in neuer Gestalt, immer noch vorhanden. Dass der Krieg dazugehört, ist nicht etwa meine politische oder ideologische Auffassung – diese war immer das genaue Gegenteil –, sondern dies ist mir zum ersten Mal in der folgenden Aufstellung klar geworden.

Da war ein über 70-jähriger Mann in einem Seminar, der den größten Teil seines erwachsenen Lebens zwischen Depression, Medikamentensucht (zur Bekämpfung der Depression) und Entzugsversuchen verbracht hatte (was ihn allerdings nicht hinderte, beruflich erfolgreich zu sein und sich einer intensiven spirituellen Suche zu widmen). Die Sucht hatte er überwunden, nicht jedoch deren Ursachen. Vor vier Jahren war er auch noch an Krebs erkrankt, aber diesen schien er, wie auch mehrere schwere Autounfälle, zu überleben. Man konnte sehen, dass er von einem großen Zorn getrieben wurde, den er mit einem freundlichen, jugendlich-lockeren Auftreten verdeckte.

Bei seiner ersten Seminarteilnahme berichtete er vom Selbstmord seines Vaters; es geschah mitten im Krieg 1942, er war damals fünfzehn, und er nahm dem Vater übel, dass er die Mutter und seine fünf Kinder allein gelassen hatte. Jetzt gelang es ihm, den Vater zu nehmen, wie er war, und seinen Selbstmord als seine Entscheidung zu achten. Das brachte ihm, wie er mir später schrieb, große Erleichterung. Aber dies war nur ein Aspekt seines inneren Hasses auf die Welt. Mir fiel auf, dass er immer höchst erregt wurde, wenn das Thema Krieg aufkam, und in einem späteren Seminar sprach ich ihn darauf an. Er berichtete Folgendes:

„Weihnachten 1944, ich war damals achtzehn, war ich nach einem Lazarettaufenthalt in einer Genesungskompanie in Heilbronn. Drei Wochen zuvor war die Stadt zerstört worden; wir Soldaten waren zur Leichenbergung eingesetzt. Wir mussten die teilweise schwer verstümmelten Toten mit bloßen Händen anfassen, weil wir keine Handschuhe hatten. Vor dem Essen konnten wir uns nicht die Hände waschen, weil es kein Wasser gab. Am Heiligabend war ich zur Wache auf dem Gräberfeld eingesetzt, um die Toten vor Leichenräubern zu schützen. Wir befanden uns zwischen etwa 12 000 Toten. Der Dezember 1944 war relativ mild gewesen, deswegen lag ein süßlicher Verwesungsgeruch über den offenen Massengräbern."

Ich bat ihn, einen Stellvertreter für den Krieg auszuwählen und aufzustellen und sich selbst ihm gegenüberzustellen. Dann ließ ich alle übrigen Teilnehmer sich wahllos im ganzen Raum auf den Boden legen wie Tote. Jetzt stand also der Mann inmitten der Toten dem Krieg gegenüber. Es war hart für ihn, er zitterte und versuchte alles, um dem Krieg aus dem Weg zu gehen und ihn nicht anschauen zu müssen. Aber wo er auch hinsah oder hingehen wollte, überall war Krieg, waren Tote. Als er jedoch meiner Aufforderung folgte, dem Krieg einfach nur in die Augen zu schauen, wurde er ruhig. Beide standen sich gesammelt und kraftvoll gegenüber, ohne Feindschaft. Nach einer langen Weile bat ich den Mann, zum Krieg zu sagen:

„Ich schaue dich jetzt an und achte dich als Teil des Lebens."

Das war die Lösung. Er schluckte ein paar Mal, ehe er den Satz herausbrachte, aber dann wurde er ganz still und friedlich. Dann umarmten sie sich. Auf die Frage, wie er sich gefühlt habe, antwortete später der Mann, der den Krieg vertreten hatte: „Ganz stark und ruhig, wie eine unerschütterliche Tatsache. Und der Satz war richtig."

Der Judenmord

Der Krieg ist die eine Seite des kollektiven deutschen Traumas, die andere ist der Massenmord an den Juden. Bert Hellinger ist darauf in vielen Veröffentlichungen ausführlich eingegangen und hat viele Aufstellungen dokumentiert, die dessen Auswirkungen zeigen (am dichtesten zusammengefasst in „Der Abschied" sowie verstreut in fast allen neueren Büchern). Ich habe dem nicht viel hinzuzufügen und möchte hier nur das Wichtigste zusammenfassen.

Es scheint mir nicht zufällig, dass in den neunziger Jahren, also rund fünfzig Jahre nach Kriegsende, die öffentliche Diskussion um den Holocaust plötzlich mit viel größerer Intensität geführt wird als je zuvor. Dies hat nicht nur politische Gründe oder solche, die in der Zugänglichkeit von Forschungsdokumenten liegen. Wenn ich auf die Seelenebene schaue, scheint es mir, dass wir erst jetzt reif sind, das Grauen allmählich ganz anzuschauen und, soweit dies überhaupt geht, zu verarbeiten. Bei den Aufstellungen zeigt sich, dass die Wirkungen auf die Seele oft erst in der Enkelgeneration der Täter und Opfer angeschaut werden können. Dabei wird aber auch deutlich, dass diese Enkel- (oder gar Urenkel-) Generation immer noch tief in das Schicksal ihrer Vorfahren verstrickt ist.

So zieht es die Kinder und Enkel der Täter oft in den Tod, ohne dass sie wissen warum. Sei es, dass sie depressiv sind, sich mit tiefen Schuldgefühlen herumquälen, unter irrealen Todesängsten leiden, schwere Unfälle erleiden oder einfach keine Freude am Leben haben können. Erst kürzlich nahm eine Frau an einem Kurs teil, die, obwohl sehr erfolgreich, sehr freudlos wirkte. Das Auffälligste an dieser ansonsten sehr gut aussehenden Frau war eine wächserne Blässe, die sie manchmal wie eine Tote aussehen ließ. Im Laufe des Seminars wurde sie immer unruhiger und, soweit dies möglich war, noch blasser. Auslöser ihrer Unruhe waren Aufstellungen anderer Teilnehmer, in denen es um Kriegsereignisse oder um Familiengeheimnisse ging, die etwas Schlimmes verdeckten. Als sie sich schließlich zur Aufstellung meldete, berichtete sie, ihr Vater sei in der SS gewesen, Näheres wisse sie nicht.

Ich habe zunächst nur ihren Vater aufgestellt. Nach einiger Zeit ging der Stellvertreter nach Luft ringend zu Boden. Dann habe ich mehrere Personen als KZ-Opfer aufgestellt. In der folgenden halben Stunde, bei der ich nicht in den Prozess eingegriffen habe und keiner etwas sagte, war in großer Klarheit zu beobachten, wie die Opfer nach und nach zu Boden sanken, als seien sie vergast worden. Der Täter zeigte ganz ähnliche Symptome, was darauf hindeutete, dass er innerlich den Opfern gleich sein wollte.

Ein halbes Jahr später habe ich die Frau wieder getroffen. Sie lebt seit vielen Jahren im Ausland und hatte das Gefühl, dass sie, um den bei der Aufstellung (die auch im Ausland stattfand) begonnenen Prozess abzuschließen, noch einmal zu einem Kurs nach Deutschland kommen musste, ohne dass sie eine weitere Aufstellung machen wollte. Die Frau war völlig verwandelt, voller Vitalität und Freude. Sie berichtete, dass sie nach dem Kurs wochenlang auf der Grenze zwischen Leben und Tod gewandelt sei. Sie habe Horror vor der Begegnung mit ihrem Vater gehabt, habe sich oft mehr tot als lebendig gefühlt und ernsthaft an Selbstmord gedacht. Nur der Gedanke an den Schmerz, den sie damit ihrem Partner zugefügt hätte, habe sie davon abgehalten. Sie habe mehrmals versucht, mich anzurufen, aber ich sei nie zu erreichen gewesen. Eine Nachricht habe sie nicht hinterlassen wollen, weil ihr plötzlich klar geworden sei, dass sie sich diesem Prozess ganz allein stellen müsse. Danach sei es ihr schlagartig besser gegangen. Sie habe sich entschieden, zu leben und sich dem, was komme, zu stellen. In dieser Zeit sei ihr auch klar geworden, dass sie nicht zufällig aus Deutschland weggegangen sei, sondern etwas aus dem Weg gehen wollte.

Eines Tages sei sie, um sich die Zeit zu vertreiben, in eine neue Boutique gegangen. Die Verkäuferin sei auf sie zugekommen und habe gesagt: „Ich habe eine Jacke für Sie.“ Sie sei völlig überrascht gewesen, denn sie kannte die Verkäuferin nicht und hatte auch nichts kaufen wollen. Als die Verkäuferin ihr dann die Jacke brachte, habe sie gesehen, dass darauf Kriegsbilder und Fotos von Hitler abgebildet waren. Sie habe etwas hilflos protestiert: „Aber das sind ja Kriegsbilder!“, doch die Verkäuferin habe nur gesagt: „Tatsächlich? Egal, die Jacke müssen Sie nehmen, die ist wie für Sie gemacht!" Völlig verwirrt habe sie die Jacke, die zudem noch sehr teuer war, gekauft.

Dann habe sie ihren Vater getroffen, und er sei einfach ihr Vater gewesen. Sie habe einen großen Abstand gefühlt und gleichzeitig ein großes Einverständnis damit, dass er ihr Vater und sie seine Tochter ist. Seitdem gehe es ihr so gut wie noch nie in ihrem Leben.

Manchmal ist es auch so, dass die Nachkommen von Tätern davon getrieben sind, anderen Menschen helfen zu müssen. Sie opfern sich rastlos für andere auf, als ob sie eine Schuld zu begleichen hätten, obwohl sie sich persönlich nichts haben zu Schulden kommen lassen. Es kann aber sein, dass auch sie wieder zu Tätern werden – insbesondere dann, wenn sie die Väter wegen ihrer Taten ablehnen. Oder sie fühlen sich wie die Opfer, erniedrigt und ohne Lebensperspektive, und wollen leiden wie sie.

So berichtete eine Teilnehmerin, dass sie ständig Angst habe. Das gehe einher mit dem Gefühl, in einer Art Glocke zu sein, die sich drohend über ihrem Kopf wölbe. Ihr Vater war in der Waffen-SS, er war aber schon 1942 gefallen. In der Aufstellung zeigte sich, dass die Bedrohung nicht von ihm ausging, sondern von den Großeltern. Diese waren in der Nazizeit von Argentinien, wohin ihre Eltern ausgewandert waren, wieder ins Großdeutsche Reich gekommen und hatten im besetzten Polen ein großes Gut erhalten. Als ich die Familie des polnischen Gutsbesitzers dazustellte, zeigte sich, dass es kein Schuldbewusstsein bei den Großeltern gab. Es war klar, dass die Polen vertrieben, wenn nicht umgebracht worden waren, aber das kümmerte zunächst niemanden. Außer der Klientin, die, obwohl persönlich ohne Schuld, wie die Opfer fühlte. Es stellte sich nämlich heraus, dass einige von den Polen sich wie unter einer großen, dunklen Glocke fühlten (es mag ein Kerker gewesen sein) und große Angst hatten. Zu genau diesen Personen fühlte sich die Stellvertreterin der Klientin unwiderstehlich hingezogen. Erst als die Großeltern die Polen anschauten und ihnen zu Bewusstsein kam, dass sie sich von deren Elend nährten, und der Großvater dem rechtmäßigen Gutsbesitzer die Ehre erwies, ging es den Opfern besser. Und erst da konnte die Klientin von ihnen lassen.

Nicht besser geht es den Nachfahren der Opfer bzw. deren Verwandten, die den Völkermord überlebt haben. In erster Linie steckt in den

Opferfamilien noch immer die unermessliche Trauer fest, die oft nicht wirklich gefühlt wurde und wird. Dazu trägt auch bei, dass dort, wo Trauer um die Toten angebracht (gewesen) wäre, meist Anklage, Wut, Hass und politische Aktionen gegen die Täter treten oder getreten sind. Der ständige Blick auf die Täter, die ritualisierte Empörung über die Taten und das „Nie wieder Auschwitz" verstellen nämlich den Blick auf die Opfer und blockieren die Trauer. In den Aufstellungen zeigt sich in aller Deutlichkeit, dass die Opfer zu allererst *gesehen* werden wollen. Das ist es nämlich, was den millionenfachen Mord erst möglich gemacht hat: Die Täter haben ihre Opfer nicht mehr gesehen, haben sie nicht angeschaut. Sonst hätten sie sehen müssen, dass dies *Menschen* sind, und wären wohl kaum zu diesen Taten fähig gewesen.

Ich erinnere mich an eine Aufstellung, wo der Großvater einer Teilnehmerin als Installateur die Gasleitungen in einem KZ instand gehalten hat. Ich habe den Stellvertreter dieses Mannes die Opfer nur anschauen lassen – es war eine schiere Tortur für ihn. Er wollte nichts als wegschauen und in der Erde versinken – bemerkenswerter Weise hatte seine Enkelin ganz tief hängende Augenlieder, die sie kaum aufbekam, so dass ihre Augen immer fast geschlossen wirkten. Wenn ich ihn aufforderte, einem Opfer in die Augen zu sehen, wurde er immer wieder von schmerzhaften Weinkrämpfen erschüttert. Die Opfer indessen kamen genau dadurch zur Ruhe – dass sie gesehen wurden. Das brachte am Ende auch den Täter zur Ruhe – und seine Enkelin hatte am nächsten Tag erstmalig die Augen richtig auf.

Dieser „Täter" war natürlich nur ein kleines Rädchen in der Tötungsmaschinerie, aber die Auswirkungen auf seine Enkelin waren buchstäblich sichtbar. Ich selbst habe in einem Kurs, der von einer Kollegin geleitet wurde, einmal für Reinhard Heydrich gestanden, den Mann, der die Durchführung des Holocaust geplant hat. Es war eine unglaubliche Erfahrung. Eine solch tödliche Entschlossenheit und daraus resultierende Kraft hatte ich noch nie in meinem Leben gespürt. Es gab für mich in dieser Rolle nur Sieg oder Tod, und daraus floss mir eine übermenschliche Kraft und das Gefühl übermenschlicher Größe zu. Ich war vollkommen einer Sache hingegeben und wusste, dass ich eine Grenze überschritten hatte, hinter die es kein Zurück gab. Auch mir wurden damals Vertreter der getöteten Juden gegenübergestellt. Ich sah sie und sah sie gleichzeitig nicht. Was ich sah, waren Figuren, die mir, meiner Sache und dem Ziel, dem ich diente, im Weg standen. Ich hasste sie nicht. Wenn es überhaupt auch nur den Anflug eines Gefühls gab, dann war es ein leichtes Bedauern – sie hatten eben Pech gehabt. Aber es war kein wirkliches Bedauern, es war halt ihr Schicksal.

Ich habe sie auch nur als Gruppe wahrgenommen, nicht als einzelne Menschen. Dennoch war mir klar, dass sie ein Recht hatten, mich zu töten oder zur Rechenschaft zu ziehen. Ihnen hätte ich mich gestellt, aber nicht jenen Nachkommen in meiner Familie, die da auch noch herumstanden und meinten, über mich und meine Taten entsetzt sein zu müssen. Für sie hatte ich nur Verachtung.

Ich weiß nicht, was passiert wäre, wenn die Gruppenleiterin mich dazu gebracht hätte, den Opfern einzeln in die Augen zu schauen, wie es heute üblich ist. Damals waren die Erfahrungen beim Familien-Stellen noch nicht so weit. Ich weiß nicht, ob ich in dieser „Ihr oder Ich"-Haltung hätte bleiben können. Aber ich weiß, dass die Opfer die Einzigen waren, denen ich mich zu stellen bereit war.

Erst mit dem Blick auf die Opfer kann die Trauer gefühlt werden und Frieden einkehren. Dies ist im Übrigen die große Wirkung des spontanen Kniefalls, den Willy Brandt 1970 bei seinem Besuch im Warschauer Ghetto getan hat. Diese Geste enthielt alles, was es brauchte, um Polen und Deutsche wieder aufeinander zugehen zu lassen.

Oft fühlen sich aber auch die Nachkommen der Überlebenden auf der Opferseite *schuldig*. Dahinter steht manchmal ein schlechtes Gewissen gegenüber denen, die umgekommen sind, während sie selbst unverdientermaßen noch am Leben sind. Im Angesicht der Millionen Toten trauen sie sich nicht, wirklich frei und entspannt zu leben. Manchmal sind aber Nachkommen der Opferseite sogar mit den Tätern verstrickt – sie fühlen sich schuldig wie diese oder werden zu Tätern wie diese. Bert Hellinger hat dazu einige eindrucksvolle Beispiele gebracht. Dies scheint damit zusammenzuhängen, dass man, anstatt die Toten zu beweinen, sich über die Täter und die Taten empört hat. Denn das, wogegen ich kämpfe, werde ich selbst; ich werde wie mein Feind, je mehr ich ihn bekämpfe. Wenn ich auf das schaue, was im heutigen Israel und Palästina geschieht, frage ich mich, wie sehr diese untergründige Identifizierung mit den einstigen Tätern im Verhalten einiger Israelis eine Rolle spielt.

Auch in Deutschland hat die Ausgrenzung der Täter weit reichende persönliche wie politische Folgen. Wie in einer Familie alle dazugehören dürfen und, wenn sie ausgegrenzt werden, von einem Nachkommen vertreten werden, so müssen auch in einem Volk alle dazugehören dürfen. Die Trennung in gute und böse Deutsche wird dem nicht gerecht. Die Folge ist, dass die ausgegrenzten Täter und die im öffentlichen Diskurs tabuisierten Themen und Meinungen von anderen vertreten werden. Der Neonazismus wird systemisch dadurch erzeugt, dass wir uns weigern, Hitler, Goebbels, Himmler und all den anderen einen Platz in unserem Volk und in unserem Herzen zu geben.

Gewissen und Seele: Gegensatz und Ganzheit

Es ist nun an der Zeit, zwei Begriffe etwas näher zu beleuchten, die schon oft gefallen sind und in der Literatur zum Familien-Stellen in nicht immer eindeutiger Weise verwendet werden: Gewissen und Seele. Beiden gemeinsam ist, dass sie die Mitglieder einer Gruppe verbinden und bewegen. Sie tun dies jedoch auf sehr verschiedene Weise und mit sehr verschiedenen Folgen, so dass es mir wichtig erscheint, sie klar voneinander zu unterscheiden. Das Charakteristische des Gewissens ist nämlich, dass es auf eine Art und Weise verbindet, die zugleich trennt (z. B. in gut und böse), während die Seele nur verbindet. Man kann auch sagen: Das Gewissen bindet, die Seele *ver*bindet.

Das Gewissen

Ich habe in den vorangegangenen Kapiteln einige Male gesagt, dass wir unserem Gewissen folgen, wenn wir einem Elternteil im Unglück treu bleiben. Manchmal folgen wir sogar unserem Gewissen, wenn wir stehlen, vergewaltigen und töten. Das ist sicher eine provozierende Aussage, ist doch das herrschende Verständnis von Gewissen ein ganz anderes. Das Gewissen wird gerade in unserer Kultur sehr hoch gehalten. Die „Gewissensentscheidung" gilt als höchste Instanz, die allergrößten Respekt verlangt und nicht zu kritisieren und zu hinterfragen ist.

Wir glauben, hinter dem Gewissen stehe eine höhere Moral oder Ethik, vielleicht sogar eine universell menschliche Moral – oder auch Gott. Dies ist nicht so. Die schlimmsten Verbrechen, die schlimmsten Gräueltaten, werden mit gutem Gewissen verübt. In diesen Tagen wurden die Terroranschläge auf das World Trade Center und das Pentagon in Amerika verübt. Wer immer es getan hat und wer immer dahinter steht – sie haben aus tiefster Überzeugung und mit bestem Gewissen gehandelt. Bei den Selbstmordattentätern ist dies ganz deutlich: Sie sind so überzeugt, einer guten, ja heiligen Sache zu dienen, dass sie dafür sterben. Ein gemeiner Verbrecher, der sich innerlich schuldig weiß, tut dies nie. Die Einsichten zur Funktionsweise des Gewissens, die Bert Hellinger aus der Anschauung der Dynamiken in Familien gewonnen hat, eröffnen sowohl für diese Familienprozesse als auch für Kriege und andere Konflikte eine neue Sicht.

Das persönliche Gewissen

Ich schreibe diese Zeilen im Frühherbst 2001, und ich schreibe sie auch unter den Eindrücken der Terrorattentate in Amerika. Wenn ich die Fotos von Osama bin Laden, einem der Anführer des „Heiligen Krieges“ der radikalen Muslime, betrachte, sehe ich einen schönen Mann mit sanften Augen, die traurig in die Ferne blicken. Er mag tausende Menschenleben auf dem Gewissen haben, aber Verbrecherisches suche ich in seinen Zügen vergebens. Selbst von Fanatismus kann ich kaum etwas entdecken, nur eine traurige Entrücktheit in Blick, Stimme und Gestus. Es scheint, er ist oder fühlt sich mit etwas Größerem verbunden, was immer das ist.

Auch George W. Bush, der amerikanische Präsident, fühlt sich mit etwas Größerem verbunden und diesem verpflichtet: dem amerikanischen Volk, der „zivilisierten Welt“, der „Völkergemeinschaft“, der Gerechtigkeit. Darauf schwört er alle ein. Auch er will, jenseits aller Maßnahmen zum Schutz der Bevölkerung, Genugtuung und Gerechtigkeit, sogar „unbegrenzte Gerechtigkeit“ (so sollte der militärische Feldzug ursprünglich heißen), und er will „das Böse“ ausrotten. Die Rhetorik, zumindest die anfängliche, ist die eines ebenfalls „heiligen“ Krieges. Er selbst ist natürlich ein „Guter“, der versucht, alle Guten hinter sich zu versammeln. Wer nicht mitzieht, gehört zu den anderen. Es gibt nur noch Gute und Böse. Wie auf der anderen Seite, nur dass dort die Guten einen Turban tragen.

Diejenigen, die sich hinter diese Führer scharen und jene jeweils „heiligen“ Kriege austragen, tun dies offensichtlich mit gutem Gewissen. Bei den einrückenden amerikanischen Soldaten ist dies jedem im Westen verständlich, sie wollen ihre Familien und ihr Land vor weiteren Angriffen schützen. Das ist recht und billig, dazu sind sie da. Aber auch die Selbstmörder und Mörder in den Flugzeugen handelten guten Gewissens, sonst hätten sie nicht freiwillig ihr Leben geopfert. Ein Verbrecher tut dies nie – der ist gierig oder verzweifelt und will etwas haben, deshalb kann man mit ihm verhandeln und ihn überlisten. Gewissenstäter sind eine viel tödlichere Gefahr – eben weil sie guten Gewissens sind und sich mit etwas verbunden fühlen, was sie schützt, trägt oder belohnt.

Dies gilt ebenso für die Bombenleger im Baskenland, in Nordirland, in Sri Lanka, für die Selbstmordattentäter in Palästina und ihre israelischen Besatzer, es gilt für jeden Krieg. Auch für Angriffskriege wie die beiden von Deutschland entfachten Weltkriege, die anfangs als gerecht oder als notwendig empfunden wurden. Überall regiert das gute Gewissen, auf beiden Seiten. Und nicht selten nehmen beide ihren jeweiligen Gott in Anspruch, ihre Waffen und ihr Töten zu segnen – manchmal ist es sogar derselbe Gott.

Alle Kriege gewinnen am Ende die, bei denen die Gewissensbindung am intaktesten ist. Das, was von den Soldaten verlangt wird, muss mit den Werten der eigenen Gruppe – etwa dem Schutz der eigenen Bevölkerung oder der Freiheit – im Großen und Ganzen übereinstimmen. Tut es das nicht mehr, übersteigen die Mittel den als gerecht empfundenen Zweck, leidet die „Moral der Truppe", was nichts anderes bedeutet, als dass das kriegerische Handeln nicht mehr vom Gewissen gedeckt ist. Das ist der Beginn der Niederlage. Deshalb haben die Amerikaner trotz haushoher militärischer Überlegenheit in Vietnam verloren (die Kämpfer und die hinter ihnen stehende Bevölkerung hatten am Ende kein gutes Gewissen und damit keine „Kampfmoral" mehr), wie die Russen in Afghanistan und die Deutschen in Russland.

Was ist dieses Gewissen, was heißt „gutes Gewissen"? Man kann es hier deutlich sehen: Ein gutes Gewissen haben heißt, sich zugehörig fühlen oder dazugehören dürfen, zur jeweils eigenen Gruppe dazugehören dürfen. Das Gewissen ist eine innere Instanz, die dem Gruppenzusammenhalt dient. Es ist also ursprünglich – entgegen der herrschenden Auffassung – nichts Persönliches, nichts Individuelles, sondern etwas Gemeinschaftliches, Kollektives („Systemisches"), das wir allerdings als etwas sehr Persönliches fühlen. Das, was die Gemeinschaft braucht, um als Gemeinschaft weiter bestehen zu können, ist als persönliches Gefühl in ihre Mitglieder eingepflanzt oder von ihnen verinnerlicht. Dies ginge jedoch nicht, wenn nicht auch der Einzelne die Gemeinschaft brauchte. Daher ist das Gewissen, von der Warte des Einzelnen aus gesehen, ein inneres Organ, das seine Zugehörigkeit (und damit sein Überleben) sichert beziehungsweise ihm klar signalisiert, wann er Gefahr läuft, diese Zugehörigkeit aufs Spiel zu setzen. Denn der Einzelne kann ohne die Gemeinschaft (angefangen bei der Familie) nicht überleben und nicht Mensch werden und sein – nicht physisch und erst recht nicht psychisch.

Es ist also gegenseitig: Das Gewissen hilft dem Einzelnen wie der Gruppe zu überleben, und es steuert im Dienste dieses Überlebens den Einzelnen wie die Gruppe. Nun gibt es aber mehrere Gruppen, denen wir angehören oder uns zugehörig fühlen. Daher gibt es Gewissenskonflikte. Sie treten dann auf, wenn die Zugehörigkeit zur einen Gruppe etwas anderes erfordert als die zur anderen.

Die primäre Gruppe ist die Familie. Sie sichert, biografisch wie evolutionsgeschichtlich, als erste das Überleben. Auf sie können wir uns am ehesten verlassen, auch heute noch. Und ohne sie wären wir gar nicht Mensch geworden. Daher ist sie die wichtigste Gruppe und die Gewissensbindung zu ihr am stärksten.

Ihr folgt die Sippe, also die erweiterte Familie. Ihre Bedeutung für das Überleben hat in den modernen Gesellschaften sicher nachgelassen. Dies wirkt sich zwar auf die sozialen Kontakte und das empfundene Verbundenheitsgefühl aus, kaum jedoch auf die tatsächliche innere Bindung. Und weltweit betrachtet ist die Sippe immer noch das bei weitem wichtigste soziale Netz.

Über Familie und Sippe hinaus sind wir durch das Gewissen auch eingebunden in die Volksgemeinschaft oder Nation, der wir angehören, und dort, wo diese wesentlich religiös definiert sind, auch in die Religionsgemeinschaft oder Kultur.

All diese Gruppen sind auch Schicksalsgemeinschaften, das heißt, ihre Angehörigen teilen ein gemeinsames Schicksal, das sie verbindet. Wenn also der Bestand einer Nation gefährdet ist, schwinden alle anderen Differenzen, und plötzlich sind „alle Amerikaner" – oder Deutsche oder Christen oder Moslems. Deshalb sind die jeweiligen Machthaber bei Kriegen und interkulturellen Konflikten bestrebt, das gemeinschaftliche Gewissen zu mobilisieren. Im eingangs geschilderten Prozess kann man dies gut beobachten. Man kann auch sehen, dass dies eine Gratwanderung ist: Die Mobilisierung der eigenen Leute mittels Ansprache an das Gewissen bewirkt auf der Gegenseite das Gleiche – deshalb haben (zurecht!) viele Angst vor einem Krieg der Kulturen.

Das Gewissen eint also auf der einen Seite und trennt auf der anderen – die Guten ins Töpfchen, die Schlechten ins Kröpfchen. Es dient dem Überleben, und es treibt zum Krieg. Es hilft, dass wir Mensch werden, und lässt uns Unmenschliches tun. Es dient dem Leben und dem Tod. Es dient der Gruppe und dem Einzelnen, denn ohne die Gruppe wäre er nichts. Auch wenn die Machthaber dies zu allen Zeiten ausgenützt haben, so brauchen wir dennoch für unsere Entwicklung die Gruppenbindung.

So schlimm die Folgen der auf diese Gewissensbindung zurückgehenden Trennung in *meine Gruppe* und *die anderen* auch sind, so sind sie doch begrenzt, so lange es um Menschliches geht. Für das Überleben oder die Freiheit der eigenen Gruppe kann man zwar kämpfen und töten, aber es hält sich in einem gewissen Rahmen. Maßlos wird es erst, wenn Gott (oder eine gottähnliche Idee bzw. Ideologie) ins Spiel kommt. Unter Berufung auf Gott (die Vorsehung, die „historische Notwendigkeit") kann man jedes menschliche Maß überschreiten – und zwar folgenlos, was das gute Gewissen betrifft. Deshalb sind die religiösen oder quasi-religiösen Feldzüge die schlimmsten.

Das Gewissen ist also, wenn man so will, eine ganz und gar konservative Instanz. Seine Funktion ist die Konservierung der Werte einer Gruppe zum Zweck ihres Zusammenhalts. Das ist, wie gesagt, lebensnotwendig. Aber es ist auch entwicklungsfeindlich und damit, für sich allein genommen, auch lebensfeindlich. Zum Leben gehört das Erhaltende wie das Auflösende, das manchmal auch zerstörerisch ist. Vielleicht müsste es nicht (oder nicht in diesem Ausmaß) zerstörerisch sein, wenn wir beide Seiten gleichermaßen achten und geschehen lassen würden. Vielleicht, ich gebe das zum Nachdenken, tragen wir zur zerstörerischen Qualität des Auflösenden dadurch bei, dass wir zu sehr am Erhaltenden festhalten. Wie dem auch sei: Beide gehören zusammen wie der Fluss und das Ufer. Das Ufer begrenzt den Fluss zwar, aber ohne Ufer wäre er kein Fluss.

Damit das Leben weitergeht, muss es Abweichung geben. Entwicklung braucht das andere. Inzucht zum Beispiel würde Stagnation und schließlich Tod bedeuten. In der Familie ist es so, dass der Mann sich eine Frau aus einer anderen Familie nimmt (und umgekehrt). Damit nimmt er auch die Werte der anderen Familie mit in seine neue Familie auf. Selbst wenn beispielweise der Mann dies zu verhindern sucht, werden seine Kinder auch die Werte der Mutter übernehmen – wenn nicht offen, dann heimlich. So sorgt allein die Tatsache, dass die Partner aus verschiedenen Familien kommen, dafür, dass es Abweichung und damit auch Auflösung bestehender Werte gibt. Wenn sie dann, wie heutzutage, auch aus verschiedenen Regionen, Ländern, Religionen, Kulturen oder Rassen kommen, ist die Spannung zwischen den Werten der einen und der anderen Familie natürlich vervielfältigt, was den inneren Druck hin zu Entwicklung immens erhöht. Bei aller Bejahung dieser Entwicklung darf man aber nicht vergessen, dass Abweichung allein schiere Auflösung (und damit Tod) bedeuten würde – genau so, wie Beharrung allein Stagnation (und damit Tod) bedeutet.

Das kollektive Gewissen

Es gibt daher eine *zweite Gewissensebene*, die dafür sorgt, dass Abweichung nicht (wie es dem persönlichen Gewissen entspricht) bestraft, sondern geschützt wird. Diese Ebene ist das *kollektive Gewissen*. Das kollektive Gewissen gehört nicht zur einzelnen Person. Deshalb fühlen wir es auch nicht. Es gehört zum Kollektiv, also in erster Linie zur Familie, darüber hinaus (mit abnehmender Bindungskraft) zur Sippe etc. Ist das persönliche Gewissen eine Art Gleichgewichtsorgan des Einzelnen, so ist das kollektive Gewissen das Gleichgewichtsorgan der Gruppe, des Systems.

Das kollektive Gewissen wacht darüber, dass niemand aus der Gruppe ausgestoßen wird. Jeder, der einmal dazugehörte (dazu gehören auch tot geborene Kinder), gehört für immer dazu. Und jeder, mit dem eine neue Bindung eingegangen wird, gehört ebenfalls dazu (und damit alles, was diese Person aus ihrer Familie mitbringt).

Wenn also jemand unter dem Einfluss des persönlichen Gewissens ausgeschlossen oder verdrängt wurde (weil er etwas getan oder erlitten hat, was sich in dieser Gruppe nicht gehört), so sorgt das Gruppengewissen dafür, dass diese Person in Erinnerung bleibt. Es tut dies dadurch, dass es sie durch Nachkommen vertreten lässt. Wenn also, zum Beispiel, eine Frau aus einer Familie ausgeschlossen oder im Familienbewusstsein verdrängt wurde, weil sie ein uneheliches Kind bekommen hat, wird eine spätere Frau (eine Nichte oder

Tochter oder Enkelin) diese Frau unbewusst nachahmen und ebenfalls ein uneheliches Kind bekommen oder einen „unsittlichen" Lebenswandel führen – vielleicht mit dem Gefühl, dass sie dies eigentlich gar nicht will, dass es nicht „ihres" ist. Es spielt dabei noch nicht einmal eine Rolle, ob sie von der Existenz der Vorfahrin überhaupt etwas weiß. Das kollektive Gewissen benutzt den Einzelnen einfach, um die Vollständigkeit der Gruppe zu wahren.

Zu dem, was das kollektive Gewissen schützt, gehören auch die Ereignisse, die der Gruppe zustoßen oder zugestoßen sind. Vor allem schlimme Ereignisse werden gerne verdrängt (und mit ihnen die darin verwickelten Personen). Dieses Verdrängen schadet aber der Überlebensfähigkeit und dem Wachstum der Gruppe. Daher wiederholen sich solche Ereignisse über Generationen hinweg, bis sie gesehen und angenommen werden. Es wacht aber auch darüber, dass niemand aus der Sippe austritt, dass niemand sich folgenlos davon abwendet. Ich bringe ein Beispiel:

Hermann ist eine bedeutende Persönlichkeit im Kulturleben der Bundesrepublik. Sein Werk ist ihm Lebensinhalt, Auftrag, Freude und riesengroße Last zugleich. Er geht auf die achtzig zu und ist innerlich verzweifelt, dass er seine großartigen geistigen Einsichten in seinem persönlichen Leben nur unzulänglich umsetzen kann. Seinen Vater und Großvater verehrt er, gleichzeitig fühlt er sich von ihnen erdrückt. Sie waren ebenfalls große Gestalten. Der Vater war Pfarrer und predigte leidenschaftlich gegen den Nationalsozialismus. Nach mehreren KZ-Inhaftierungen und Freilassungen wurde er schließlich in Dachau umgebracht. Hermann war damals zwanzig und durfte ihn kurz vor der Hinrichtung noch einmal in Dachau besuchen (ein Privileg, weil er Soldat an der Front war).

Sein Großvater war sehr reich und hatte eine sehr große christliche Stiftung gegründet, die sein Sohn weiterführte. Der wollte sie ebenfalls seinem Sohn (Hermann) übertragen, der sich jedoch entzog. Der Großvater war eigentlich jüdischer Abstammung, er war jedoch zum Christentum übergetreten, als er eine evangelische Frau kennen lernte, die er heiraten wollte (vor der Jahrhundertwende).

Die Mutter von Hermann verließ Mann und zwei Kinder, als Hermann zweieinhalb Jahre alt war. Der Grund dafür ist unklar.

Hermanns Leben ist geprägt von zwei Dingen: seinem kulturellen Schaffen (das sich mit zunehmendem Alter immer deutlicher zur spirituellen Suche entwickelt) und Frauen. Er ist zum vierten Mal verheiratet und hatte während der ersten beiden Ehen ständig Affären. Beides ist engstens mit seiner Herkunftsfamilie verknüpft.

Hinter den Frauengeschichten steht die ewige Suche nach der Mutter, deren Weggehen eine tiefe Wunde und Heimatlosigkeit hinterlassen hat. Die Erfahrung des Verlassenwerdens macht eine tiefe Bindung nahezu unmöglich. So, wie er sich mit seiner Mutter als Erwachsener aussöhnte, behielt er auch zu seinen Frauen nach der Trennung einen guten, oft freundschaftlichen Kontakt. Aber auch seine jetzige Frau, mit der ihn eine tiefe Liebe und Achtung verbindet, kann ihm keine Heimat geben. Im Gegenteil: Je mehr sie spürt, dass er dies bei ihr sucht, umso mehr fühlt sie sich belastet und überfordert und zieht sich innerlich zurück.

Sein kulturelles Schaffen umfasst im Groben zwei Abschnitte: Nach dem Krieg führt er mit großer Sachkenntnis und einem ebenso großen missionarischen Eifer fremde Kulturelemente in das neu entstehende Deutschland ein und hat maßgeblichen Anteil am Aufbau demokratischer Kulturinstitutionen. Ab den Siebzigern sucht er nach der großen Synthese, der Verbindung der verschiedenen Weltkulturen ebenso wie der „hohen" Kunst und der Volkskunst und der (spirituellen) Ebene, aus der alle Kunst entspringt und auf die sie verweist. Im Grunde sucht er jedoch nach sich selbst, nach der Einheit in sich. Und bei alledem, was ihm ungeheuer viel Freude macht, fühlt er sich im Innersten dennoch leer und in gewisser Weise verfolgt. „Da ist etwas Dunkles in der Familie, das ich unbedingt finden muss. Es erdrückt mich total."

Ich lasse ihn die Herkunftsfamilie aufstellen. Warum die Mutter gegangen ist, bleibt unklar, es ist nur deutlich, dass es stimmig ist. Hermann findet beim Vater einen guten Platz, nachdem er sich tief vor ihm verneigt hat, und kann von dort aus auch die Mutter gehen lassen. Es scheint alles in Ordnung, aber am Ende des Tages meint Hermann, es fehle noch etwas in der Aufstellung; er habe nach wie vor dieses quälende Gefühl eines dunklen Geheimnisses, das ihm keine Ruhe lasse. Ich schlage ihm vor, ein paar Tage abzuwarten. Ich muss auch für mich erst spüren, ob da einer nur unzufrieden ist oder ob mehr dahinter steckt und ob ich dem in dieser Gruppe noch nachgehen will.

Nach und nach spüre ich jedoch, dass er vermutlich Recht hat. Daher lasse ich ihn drei Tage später noch einmal sich selbst, den Vater und den Großvater (der in der ersten Aufstellung nicht aufgestellt war) aufstellen. Er stellt sie in dieser Reihenfolge mit jeweils etwa einem Meter Abstand hintereinander. Der Stellvertreter von Hermann fühlt sich „nicht schlecht“, vor allem vom Vater gestützt, er würde aber gern wissen, was hinter diesem ist. Der Vater fühlt sich gut, vor allem zum Sohn hin. Der Großvater ist der Einzige, dem es richtig schlecht geht: bleischwere Arme, Druck auf Kopf und Schultern, Probleme, nach vorne zu schauen.

Ich drehe den Vater zum Großvater um und lasse diesen zum Sohn sagen: „Ich bin ein Jude!“ Der Satz wirkt sofort, der Großvater wirkt betroffen, der Sohn erleichtert. Ich lasse hinzufügen: „Ich habs verraten.“ Als er dies sagt, schlägt er die Hände vors Gesicht und bricht weinend zusammen. Nach einer kleinen Weile helfe ich ihm vorsichtig, sich wieder aufzurichten, seinem Sohn in die Augen zu schauen und mit innerer Kraft zu wiederholen: „Ich bin ein Jude! Ich stehe jetzt dazu.“ Der Vater beginnt zu strahlen, der Großvater wird immer größer und kraftvoller. Ich lasse ihn den Satz noch zweimal wiederholen, und mit jedem Mal wird es klarer und leichter.

Dann wende ich auch den Enkel (Hermann) um, lasse ihn seinen Vater anschauen und den Vater zu ihm sagen: „Du bist ein Jude.“ Auch hier tritt sofort eine große Erleichterung ein. Auch der Großvater sagt es dem Enkel. Jetzt nehme ich Hermann selbst in die Aufstellung und lasse ihn zu Vater und Großvater sagen: „Ich bin ein Jude.“ Als er an mir vorbeigeht, versucht er noch einen kleinen Einwand: „Aber ich bin doch nur ein Vierteljude!“, meint er. Ich sage: „Jude bleibt Jude, und bei den Nazis hätte das Viertel auch gereicht.“ Als er dann die Sätze zu den Vorfahren sagt, schüttelt es ihn zunächst kräftig, aber nach zwei, drei Wiederholungen wirkt auch er immer kraftvoller und zugleich ungeheuer erleichtert. Er beginnt zu lachen und zu strahlen.

Dann bitte ich alle Männer der Gruppe, sich hinter ihn zu stellen, lasse ihn die Augen schließen und die ganze jüdische Ahnenreihe hinter ihm spüren. Nach einer Weile fordere ich ihn auf, die Augen zu öffnen, die Frauen im Kreis anzuschauen und ihnen, mit der Kraft der Ahnen im Rücken, zu sagen: „Ich bin ein Jude.“ Auch dies kommt beim ersten Mal noch etwas zögernd, wie um das Echo zu ertasten, und dann immer kraftvoller.

Ich nehme seine Frau und stelle sie der jüdischen Männerreihe mit vier Metern Abstand gegenüber. Sie ist zunächst erschrocken, schlägt die Hände vors Gesicht (später erzählt sie mir: „Diese vielen Juden, das war zu viel für mich. Ich dachte zuerst, das kann ich nicht aushalten. Dann habe ich ganz am Ende Moses gesehen und von ihm ausgehend mittendrin Jesus, und damit wurde es leichter"). Ich bitte sie, ihrem Mann in die Augen zu schauen, tief zu atmen und vorsichtig, in ihrem eigenen Zeitmaß, auf ihn zuzugehen. „Nimm dir so viel Zeit, wie du möchtest, und gehe nur so weit, wie du möchtest", sage ich zu ihr. Sie wird langsam ruhiger und wagt einen ganz kleinen Schritt. Ich merke, dass der Mann sie zu sich ziehen möchte und dass dies bei ihr sofort eine Abwehrhaltung hervorruft. Das ist, wie ich später erfahre, ein Grundmuster ihrer Beziehung. Ich sage ihm, er soll sich ganz nach hinten ausrichten, seine Ahnen und deren Kraft spüren und in dieser Haltung ruhig auf sie warten. Sofort wirkt sie gelöster und macht einige weitere Schritte. Es ist faszinierend zu beobachten, dass immer, wenn er sich für einen Moment von seiner eigenen Kraft wegbewegt, sie sofort stockt. Der ganze Prozess dauert etwa fünf Minuten, bis sie sich begegnen.

Später in der Runde erzählt Hermann eine kleine Anekdote: „Im Krieg war ich vor Leningrad einmal im Lazarett. Aus einem Grund, der mir immer schleierhaft geblieben ist, meinte der Stabsarzt damals, ich müsse beschnitten werden, und hat dies einfach gemacht. Der hat wohl den siebten Sinn gehabt." (Von seinen jüdischen Vorfahren wusste Hermann damals nichts, das hat er erst vor wenigen Jahren erfahren.)

Vor dem Hintergrund dieser Aufstellung wird klar, dass die Triebkraft, die die Männer dieser Familie zu gewaltigen Leistungen antrieb, der Versuch der Wiedergutmachung einer „Schuld" war. Wobei Schuld ganz subjektiv zu verstehen ist und sie auch ganz unbewusst wirkte. Dahinter steckte das kollektive Gewissen, das, angesichts des kollektiven jüdischen Schicksals, einen Abfall vom Judentum nicht zulässt. Ohne es zu wissen, fühlte sich der Großvater als Verräter gegenüber seinen jüdischen Vorfahren und insofern schuldig. Er schuf ein großes Vermögen und gründete damit eine christliche Stiftung; sein Sohn predigte so leidenschaftlich und lange gegen die Nazis, bis diese ihn, nachdem sie ihn fünf- oder sechsmal interniert und wieder entlassen hatten, schließlich umbrachten – damit wurde er seinen jüdischen Mitbürgern gleich. Es scheint, als habe er es geradezu darauf angelegt. (Hermann meint übrigens, dies sei wahrscheinlich unbewusst geschehen, seines Wissens habe der Vater auch nichts von dem früheren Judentum seines Vaters gewusst); der Enkel (Hermann) schließlich weigert sich, dem massiven Drängen des Vaters nachzugeben, Theologie oder Medizin zu studieren und die Stiftung weiterzuführen, und macht sich stattdessen direkt nach dem Krieg auf, die lebendige Kultur unterdrückter Völker, Klassen und Rassen aufzuspüren und in Deutschland salonfähig zu machen. Eine innere Erlösung bringt dies aber ebenso wenig wie die spätere Suche nach der großen Einheit, denn die geistige Einsicht erreicht nicht sein Sein. Und Wiedergutmachung ist unmöglich. Es kann zwar alles wieder gut werden, aber nur, wenn die „Schuld" ausgesprochen wird und die Wurzeln anerkannt werden. Und zwar nicht nur als Geschichte der Vorfahren, sondern als etwas, das hier und heute weiter wirkt und wirken darf. Dann schwindet der Zwang zur Wiedergutmachung, und übrig bleibt befreite Kreativität. Und Hermann kann als Jude und mit dem Judentum über all dies hinausgehen.

An diesem Beispiel können wir sehen, dass uns das kollektive Gewissen einfach in seinen Dienst nimmt – um nicht zu sagen „benutzt". Erst wenn wir die Zusammenhänge sehen, kann es eine Lösung geben. Diese Lösung verlangt aber immer die Anerkennung des Gewesenen. Dabei treibt uns dieses unbewusste Gewissen manchmal zu gewaltigen Leistungen, im Guten wie im Schlechten. Wir brauchen uns auf diese Leistungen nichts einzubilden, auch auf die guten nicht.

Wenn jemand stolz darauf ist, seinem Gewissen zu folgen, und sich deswegen vielleicht auch noch besser fühlt als die anderen, so ist er mit Sicherheit verstrickt. Das gilt im Grunde für alle, die meinen, sie hätten sich längst von ihrer Familie gelöst und deren Werte würden ihnen nichts mehr bedeuten; die meinen, nur „ihr eigenes Ding" zu machen. So hat zum Beispiel die 68er-Generation gefühlt, die bewusst einen anderen Weg gehen wollte als ihre in den Nationalsozialismus verstrickte Vätergeneration. So haben auch, angestoßen durch die 68er, die Frauenbewegung, die Friedens- und Ökologiebewegung und die spirituellen Bewegungen und Sucher der siebziger und achtziger Jahre gedacht, die sich auf einem sehr persönlichen, sehr individuellen und ganz anderen (und besseren!) Weg glaubten als ihre Eltern. Heute finden sich ganz viele von diesen „Bewegten“ in Familienaufstellungen wieder. Warum? Weil ihr Gewissen sie treibt.

Es treibt sie allerdings auf eine merkwürdige Weise, die zunächst nicht erahnen lässt, dass dies tatsächlich mit dem Gewissen zu tun hat. Es lässt sie nämlich krank werden oder in Beziehungen oder im Beruf scheitern. Denn dieses Gewissen wirkt auf der Seelenebene, nicht auf der Bewusstseinsebene. Die Seele hält es nicht aus, wenn sich jemand auf diese Weise von der Familie abwendet und sich besser dünkt. Die Betroffenen ahnen davon nichts, sie fühlen sich nur an einem Punkt, an dem sie – die meisten haben schon viel versucht – einfach nicht weiterkommen oder immer wieder scheitern, wenn sie nicht gar schwer krank oder depressiv sind. Erst die Aufstellungen bringen die Hintergünde ans Licht.

Sie zeigen auch, dass solche Menschen (oder auch politisch-sozialen Bewegungen) mit der Zeit denjenigen immer ähnlicher werden, von denen sie sich abwenden und die sie bekämpfen. Und zwar übernehmen sie gerade die negativen Eigenschaften – den Jähzorn und die Trunksucht des Vaters, das Jammern, Leiden oder Intrigieren der Mutter, die Krankheiten der Eltern, ihre Beziehungsmuster (Scheidungskinder lassen sich viel häufiger scheiden als andere, Missbrauchstäter waren früher meist missbrauchte Kinder etc.) oder die Handlungsweisen derer, die man politisch bekämpft. So verhalten sich Antifaschisten faschistisch, Friedensaktivisten militaristisch, „Gutmenschen“ unmenschlich, und Feministinnen zeigen die schlechtesten männlichen Eigenschaften.

Da das kollektive Gewissen nicht den Einzelnen, sondern die Gruppe als Ganzes steuert, wird es vom Einzelnen, wie gesagt, nicht gefühlt. Deshalb können die Verstrickungen, persönlichen Probleme oder Krankheiten, die daraus folgen, auch nicht wahrgenommen werden, solange man nur auf den Einzelnen, sein Problem und seine Entwicklungsgeschichte schaut. Wir können es nur wahrnehmen, wenn wir den Einzelnen als Teil einer größeren Gruppe, als Teil der Familie, anschauen. Wir müssen also auf die ganze Familie schauen, wie es bei den Familienaufstellungen geschieht. Dann zeigen sich sozusagen die Leerstellen im System, und es zeigt sich, wie die später Geborenen diese Leerstellen zu füllen versuchen, ohne dies zu wissen und zu wollen. Wenn man dann die Originale (die ursprünglichen, ausgeschlossenen oder verdrängten Personen) und die Ereignisse, mit denen dieser Ausschluss zusammenhing, wieder an ihre

Plätze stellt und würdigt, ist die Verstrickung vorbei, weil das Systemgleichgewicht (die Ordnung) wieder hergestellt ist.

Erhaltung und Auflösung

Wenn wir auf diese beiden Gewissensebenen schauen, so zeigt sich, dass das kollektive Gewissen das persönliche übersteigt und stärker ist als dieses. Bert Hellinger führt dies neuerdings darauf zurück, dass es in den ersten menschlichen Gruppen für das Überleben unverzichtbar war, dass die Gruppe (die frühmenschliche Horde) vollständig blieb. Sie konnte auf kein Mitglied verzichten. Das kollektive Gewissen wäre demzufolge der ursprüngliche Überlebensinstinkt, der evolutionär erfolgreich war und daher immer noch in uns steckt. Vor allem dann, wenn man bedroht ist, gewinnt dieser Instinkt sofort an Bedeutung. Differenzen in einer Gruppe verschwinden, Nachbarn, die sich kaum kannten, helfen einander, man steht zusammen, jeder wird gebraucht.

Man *muss* aber auch zusammenstehen, in Zeiten der Bedrohung ist jeder potenziell geächtet, der auch nur einen kritischen Kommentar an die eigene Gruppe abgibt (so musste sich Tagesthemen-Chef Ulrich Wickert öffentlich entschuldigen, weil er angemerkt hatte, dass George W. Bush seinen Krieg mit den gleichen fundamentalistischen Vokabeln begründet wie seine terroristischen Gegner). Die Gruppe, das ist das, was uns aus der Frühzeit der Menschheit noch immer zutiefst eingestanzt ist, hat im Zweifelsfall Vorrang vor den Bedürfnissen des Einzelnen. Wenn es das Überleben der Gruppe erfordert, muss und darf der Einzelne geopfert werden.

Dies ist ein Befund, den ich nicht bewerte. Ich habe diese Zusammenhänge zum Beispiel auch in Aufstellungen mit Menschen aus dem ehemaligen Jugoslawien beobachtet, die sich dem Bürgerkrieg entziehen oder nicht gegen die kämpfen wollten, die kurz vorher noch ihre Freunde oder Mitschüler waren. Auch wenn sie aus Überzeugung und nicht aus Feigheit ihre Heimat verlassen hatten, so lähmt sie in ihrem Exil doch ein tiefes Schuldgefühl. Und ihre Kinder nehmen vielleicht die von den Vätern nicht genommene Kampfesenergie unbewusst auf und werden zu Mördern. Auf der anderen Seite sind viele, die gekämpft (und getötet) haben, vollkommen traumatisiert, und auch deren Kinder werden unter dem Trauma und den Taten ihrer Väter leiden. Die Aufstellungen mit Nachkommen der Kriegsgeneration in Deutschland zeigen dies ganz deutlich. Es scheint da keinen Ausweg zu geben, zumindest keinen einfachen.

Ein Teilnehmer hat mich einmal gefragt, was das denn alles für einen Sinn mache, wieso es denn diese manchmal ausweglosen Verstrickungen überhaupt gebe, da müsse doch etwas dahinter stecken, sonst mache die Natur so etwas doch nicht. Ich kann diese Frage nicht beantworten, und ich sehe niemanden, der sie je beantwortet hätte oder beantworten könnte. Bert Hellinger sagte einmal auf die ähnliche Frage, wohin die Evolution denn führe: „Das werden wir wissen, wenn sie zu Ende ist."

Man kann allerdings sehen, dass schicksalhafte Verstrickungen die Menschen zu großen Leistungen getrieben haben. Ein Beethoven, ein Mozart, ein Picasso, ein van Gogh, ein Goethe, ein Rilke, ein Einstein, ein Freud, ein Marx – sie alle wären nicht das, was sie geworden sind, ohne von einem inneren Dämon getrieben worden zu sein. Man muss sich also davor hüten, Verstrickungen nur als etwas Schlimmes zu sehen, dem man, zum Beispiel mit der Therapie, zu Leibe rücken müsste, um sie aus der Welt zu schaffen. Sie gehören dazu, und sie dürfen und müssen dazugehören!

Wenn ich auf das schaue, was die Menschheit oder gar die Evolution als Ganzes treibt und erhält, so sehe ich zwei Prinzipien, zwei Antriebe: den der Erhaltung und den der Auflösung. Beide stehen in einer unauflöslichen Spannung zueinander, aber beide *zusammen* bewirken Entwicklung. Und es ist allein diese Spannung, die Entwicklung ermöglicht. In jedem System wirken beide Kräfte und müssen beide Kräfte wirken. Jedes System versucht, sich selbst zu erhalten, und in jedem System existiert eine auflösende Kraft, die sich scheinbar gegen das System, gegen das zu Erhaltende, richtet. Aber auch die Auflösung dient der Erhaltung, denn alles Leben kann sich nur entwickeln, indem es sich wandelt. Paläoontologen, die die Entwicklung des Lebens auf der Erde untersuchen, sind sich einig, dass 99,999 Prozent aller Arten, die auf unserem Planeten existiert haben, entweder ausgestorben sind oder ihre Form vollkommen gewandelt haben. Es ist also praktisch nichts geblieben, was einmal war (daher muss man wohl ein großes Fragezeichen hinter den Anspruch der meisten Naturschützer machen, der Natur zu dienen).

So weh es uns tut: Die Zerstörung ist Teil der Natur und des Lebens, auch – aber nicht nur – des menschlichen Lebens. Sie ist kein

Irrtum und keine Fehlentwicklung, sondern der Motor der Entwicklung. Daher gehören auch die dazu, die aus der Reihe tanzen, die Aufmüpfigen, Rebellierenden, Unangepassten, ja, auch die ganz großen Zerstörer, ob sie das Rad nun zurückdrehen oder seine natürliche Bewegung überholen wollten, die Hitlers und Stalins und Dschingis Khans und Maos und Khomeinis. Sie waren nicht nur groß im Morden und Zerstören, sondern das Elend und die Zerstörung, die sie hinterließen, waren vielleicht die Bedingung dafür, dass sich etwas Neues entwickeln konnte.

In den großen amerikanischen Waldgebieten brennen jedes Jahr die Wälder in riesigen Feuersbrunsten. Sie tun dies von selbst, sie entzünden sich ohne menschliches Zutun, oft an vielen weit verstreuten Stellen zugleich, und sie tun dies seit zigtausenden von Jahren. Sie brauchen die Zerstörung, um weiterzuleben. In dem Buch „Es gibt keinen Weg, nur Gehen“ beschreibt Joachim Ernst Behrendt, wie er einmal durch solch einen abgebrannten Wald in Montana wanderte. Mit seinen Worten malt Behrendt das Bild eines Kriegsschlachtfeldes: „Du wanderst durch eine Totenwelt. Die verkohlten Stämme ragen wie Zeigefinder in den Himmel. Wo sie nicht völlig verbrannt sind, sind sie Gerippe – jedes ein Mahnmal: *Memento mori*. Ihre Wurzeln wie tote Kriechtiere. (...) Jeder Stamm ein in der Kehle stecken gebliebener Schrei. Ein paar Mal denke ich: Ich höre ihn noch. Als schwebe er noch im Raum, obwohl der verheerende Brand wochenlang zurücklag. (...)

Aber: Zwischen den Stümpfen und Stöcken, zwischen all dem Verkohlten und Vertrockneten: winzigste Keime, Babyfichten, Kindskiefern, Mini-Ahorns, zarteste Bäumchen ... Jedes einzelne dankbar, dass ‚die Großen‘ verbrannt sind. Ohne ihr wochenlanges Brennen und Lodern: keine Chance für sie. Die Kohle als Nahrung. Als brüte sie Junge“ (Behrendt 1999, S. 174 f.).

Reine Erhaltung, verstanden als unveränderte Bewahrung des Bestehenden, würde Stillstand, Erstarrung und Tod bedeuten. Der Fortschritt dient also letztlich der Erhaltung, das Ganze bleibt, indem es sich im Einzelnen ständig auflöst und neu formiert. Aber dieser Prozess funktioniert nur aus der Spannung heraus. Die Einheit und Bewahrung (auf einer höheren Stufe) setzt den Gegensatz, ja sogar den Kampf, voraus. Beide gehören also dazu, das Bewahrende und das

Zerstörende, die Konservativen und die Progressiven, die Guten und die Bösen. Würde eine Seite endgültig gewinnen, wäre die Welt am Ende.

Die Seele

Was ist nun die Seele? Ich werde sie nicht definieren, sondern nur einige Punkte andeuten. Denn die Seele ist etwas, das uns umfasst. Sie ist wesenhaft etwas Unbegrenztes, daher kann man sie nicht in eine Definition (was nichts anderes bedeutet als „Eingrenzung") sperren.

Bert Hellinger hat die Beschreibungen von Seele und Gewissen Schritt für Schritt aus der unmittelbaren Anschauung des Familien-Stellens entwickelt. Die Konturen dieser beiden uns steuernden Elemente werden erst allmählich klarer. Anfangs hat Hellinger zum Beispiel nicht zwischen dem kollektiven Gewissen und der Seele unterschieden, und auch heute spricht er noch gelegentlich davon, dass „die Familienseele" eine Familie und ihre einzelnen Mitglieder steuert, obwohl eigentlich das kollektive Gewissen gemeint ist.

Der wesentliche Unterschied scheint mir zu sein, dass das Gewissen bindet, *indem es trennt*, während die Seele nur verbindet. Im Gewissen sind immer gut und böse (Schuld und Unschuld), richtig und falsch, wir und die anderen geschieden. Das Gewissen beruht auf *Unter*scheidung und verlangt daher eine *Ent*scheidung, ein Dafür oder Dagegen. In der Seele gibt es weder das eine noch das andere. Es gibt keine Unterscheidung, und man muss sich nicht für oder gegen etwas entscheiden. Seele ist einfach das, was verbindet, ohne zu trennen. Oder das, in dem alles *ist*. Daher bindet sie auch nicht, sie verbindet nur. Sie ist das, was ein Ganzes oder Ganzheit schafft. Sie verbindet Ganzheiten mit Ganzheiten. Sie weist immer über uns hinaus auf das, wozu wir gehören. Deshalb sagt Hellinger: Wir *haben* nicht eine Seele (in uns), sondern wir *sind in* einer Seele. Seele ist das, was uns umfasst und über uns hinausweist. In diesem Sinne kann man zwar Ebenen der Seele unterscheiden (wie individuelle Seele, Gruppenseele, große Seele), aber diese Ebenen bedeuten keine Trennung. Es sind lediglich unterschiedlich weit gefasste Ebenen der Integration. Die Seele ist etwas grundsätzlich Offenes, Unbegrenztes und Unbegrenzbares – unsere Ausdehnung in die Welt.

Für das Familien-Stellen bedeutet das, dass wir, wenn wir die Seelenebene einbeziehen, alles Trennende überschreiten. Das ist in den letzten Jahren in jenen Aufstellungen deutlich geworden, die Bert Hellinger „Bewegungen der Seele“ nennt. Diese Aufstellungen unterscheiden sich von den herkömmlichen durch zwei Elemente: Erstens greift der Therapeut fast gar nicht in den Prozess ein; die Stellvertreter folgen still ihren inneren Bewegungen, es wird kaum gesprochen, und die Lösungen sind oft eher Hinweise auf weitere (innere) Bewegungen als umfassende statische Lösungsbilder; zweitens lösen sich in diesen Aufstellungen die Grenzen zwischen den (durch das Gewissen getrennten) Gruppen, zwischen gut und böse, zwischen Täter und Opfer, oft auf, und es zeigt sich eine Einheit auf einer tieferen Ebene, in der diese Unterscheidungen keinen Platz mehr haben.

Diese Art von Aufstellungen bringt besonders dort neue Einsichten, wo sich Täter und Opfer oder verfeindete Gruppen scheinbar unversöhnlich gegenüberstehen, also bei Kriegsereignissen, Mord, Vergewaltigung etc. Um dort zu Lösungen zu gelangen, muss man über die Gewissensebene hinausgehen. Dies kann jedoch nur gelingen, wenn uns klar ist und wir würdigen, dass wir dem Gewissen unser Leben verdanken.

Seit Bert Hellinger die „Bewegungen der Seele“ entdeckt hat, gibt es unter Aufstellern eine gewisse Tendenz – ich formuliere das jetzt etwas überspitzt –, die Bewegungen der Seele als „gut“ und die des Gewissens als „schlecht“ zu bewerten. An manchen Orten finden sich Formulierungen der Art, dass es darum gehe, die Begrenzungen des Gewissens zu überwinden. Damit einher geht die Absicht, die Aufstellungsarbeit als Friedensarbeit, Versöhnungsarbeit oder spirituelle Arbeit einzusetzen. Damit stünde das Familien-Stellen jedoch nicht mehr im Dienst der Wirklichkeit, sondern würde zu einem absichtsvollen Weltverbesserungsinstrument werden. Das funktioniert erstens nicht und ist zweitens selbst Ausdruck einer Gewissensbewegung, die zwischen „gut“ und „schlecht“ (böse) unterscheidet. Wenn wir nicht aufpassen, schleicht sich auf diese Weise unter dem Deckmantel der „Bewegungen der Seele“ heimlich wieder das Gewissen und die Moral in das Aufstellen ein.

Die Seele ist das uns Umfassende, und als solche umfasst sie auch das Gewissen und seine Unterscheidungen. Das Gewissen, mit all seinen problematischen Seiten, ist Teil der Seele und Teil der Ganzheit. Der Friede, den wir auf der Seelenebene empfinden, ist nicht der Friede, der im Gegensatz zum Krieg steht. Krieg und Frieden gehören zur Gewissensebene, genau wie gut und böse. Der Friede der Seelenebene enthält beides, den Frieden wie den Krieg, das Gute wie das Böse. Er ist vielleicht ein Echo jener fernen Zeit, in der beides noch nicht geschieden war, in der noch alles ineinander war, ununterschieden und ungeschieden. In den Aufstellungen der „Bewegungen der Seele" begegnet uns dieses Ununterschiedene, dieses Ineinander, wie ich im Kapitel „Sex, Liebe und Gewalt" gezeigt habe. Die Unterscheidungen sind aber das, was das Menschliche ausmacht, sie sind der Treibstoff von Entwicklung. Der Friede auf der Seelenebene setzt diese Unterscheidungen nicht außer Kraft; er setzt die Einheit nicht an die Stelle der Differenz, sondern seine Einheit bejaht und beinhaltet die Differenz.

Das ist es, was uns in den Aufstellungen so tief berührt und zugleich erschreckt: Wir erleben, dass alles sein darf, was ist, und dass der tiefe Friede alles umfasst. Das heißt aber auch, dass er das Böse, den Krieg, den Schrecken umfasst, wie böse und schrecklich er auch sein mag; und dass wir, um zu diesem Frieden (der der einzig wirkliche ist) zu gelangen, dies alles nehmen müssen, wie es ist. Der Friede der Seele ist weder gegen etwas (z. B. gegen den Krieg) noch will er etwas überwinden (z. B. das Gewissen), er *ist* einfach. In der Seele ist Frieden.

Schuld und Unschuld

Ich komme noch einmal auf das Thema Schuld und Unschuld zurück. Es ist ja nicht modern, von Schuld zu sprechen. Der Begriff klingt moralisierend, und viele meinen, sich über dieses Thema hinwegsetzen zu können. Wir müssen aber sehen, wie unsere Seele damit umgeht, was wir im Innern empfinden. Und da spielen Schuld und Unschuld nicht nur eine große Rolle, sondern sie sind das Thema schlechthin.

Wir sehen das in den Familienaufstellungen mit aller Deutlichkeit. Es sei hier nochmals daran erinnert, dass die Menschen, die in Aufstellungen als Stellvertreter fungieren, aus allen Schichten, Kulturmilieus und Altersgruppen kommen, und dass es im Hinblick auf das, was diese Stellvertreter in ihren Rollen wahrnehmen und ausdrücken, keine wesentlichen Unterschiede gibt. Ich habe schon das Thema Abtreibung erwähnt – alle Frauen und die meisten Männer (manchmal wissen Männer nichts von einer Abtreibung oder werden nicht gefragt) empfinden Schuld. Dies ist ganz unabhängig von ihrer ideologischen Einstellung. Dieses Gefühl kommt aus einer viel tieferen Schicht, und es lässt sich durch kein Argument beschwichtigen.

Dahinter wirkt eine grundlegende Ordnung menschlichen Zusammenlebens, die auch über das (persönliche) Gewissen gesteuert wird: der Ausgleich zwischen Geben und Nehmen. Beides muss ausgeglichen sein, damit menschlicher Austausch funktioniert. Wer nimmt, fühlt sich gegenüber dem Geber in der Schuld. Deshalb laden zum Beispiel Männer, die eine Frau verführen wollen, diese zum Essen ein oder schenken ihr Blumen oder Schmuck. Sie wissen, dass die Frau sich dann in ihrer Schuld fühlt und ihnen etwas zurückgeben wird. Und Frauen, die solche Geschenke annehmen, wissen dies auch und stimmen dem Spiel durch das Annehmen der Einladung oder des Geschenkes zu. Wer nimmt, weiß, dass er auch geben muss. Wenn er dies nicht kann, ist er beim Geber in der Schuld – sei es ideell, sei es materiell (Schulden = Schuld).

Geben und Nehmen erzeugen Bindung. Gelöst wird diese Bindung, wenn beides ausgeglichen ist. Im Falle einer Schuld (auch von finanziellen Schulden) ist diese beglichen, wenn die Rechnung bezahlt wird. Oft gibt es jedoch keine materielle Wiedergutmachung. Wenn jemand zum Beispiel schuldhaft seine Ehe zerstört hat, kann er meist nicht mehr zurück. Aber er kann den Partner anschauen und die Schuld auf sich nehmen. Dann ist er wieder frei.

Diese Art von Ausgleich geht aber nur innerhalb gewisser Grenzen. Es gibt Geschenke, die sind so groß, dass ich sie nicht zurückgeben oder ausgleichen kann; und es gibt Taten, die sind so schlimm, dass ich sie nicht ungeschehen machen oder ausgleichen kann. Das Geschenk des Lebens kann man z. B. den Eltern nicht zurückgeben oder vergelten, und wenn man jemandem das Leben nimmt, kann man dies weder rückgängig machen noch ausgleichen oder wieder gutmachen.

Ich unterscheide vier Arten von Schuldgefühlen, die jeweils andere Lösungen erfordern:

1. persönliche Schuld
2. übernommene Schuld

3. angemaßte Schuld
4. „natürliche“ Schuld

Persönliche Schuld

Persönliche Schuld liegt immer dann vor, wenn ich einem anderen absichtlich oder leichtfertig oder zum eigenen Vorteil geschadet habe. Die Lösung ist, diese Schuld anzuerkennen und zu nehmen als etwas, das fortan zu mir und meinem Leben gehört. Dann verschwinden die Schuldgefühle. Ich werde dadurch aber nicht wieder unschuldig! Ich bin und bleibe ein Mensch, der an einem anderen schuldig geworden ist. Die Lösung ist also hier der Verzicht auf die Unschuld (wer von Schuldgefühlen geplagt wird, hält immer noch daran fest, dass er eigentlich unschuldig sein möchte; Schuldgefühle sind ein Ersatz für genommene Schuld). Dies erreicht man zum Beispiel, indem man auf jede Begründung für sein Handeln verzichtet. Also kein „Ich habe das getan, weil ...“ oder „Ich wollte ...“ oder „Ich hatte Angst, dass ...“. Keine Begründung, keine Rechtfertigung. Alle Gründe, die man anführt (sie mögen noch so richtig sein) haben nur die Funktion, zu rechtfertigen und zu ent-schuldigen. Genau so verhält es sich mit Entschuldigungen: Sie sollen „ent-schuldigen“, wieder unschuldig machen. Bei einer Entschuldigung bringe ich zudem das Opfer in eine Zwickmühle. Es soll mir jetzt die Schuld wegnehmen oder erlassen – und wenn das Opfer es nicht tut, ist es der Böse! Entschuldigungen sind faule Tricks. Ein schlichtes „Es tut mir leid“ genügt. Dabei bleibt der Schuldige bei sich selbst und trägt seine Schuld.

Es muss ihm aber *für das Opfer* Leid tun, nicht für sich. Manchmal gilt das Leid-Tun nicht dem Opfer, sondern dem Verlust der Unschuld. Bei Abtreibungen erlebe ich dies regelmäßig, dass die Frauen sich selbst bemitleiden, weil die Umstände sie in die schreckliche Situation gebracht haben, abtreiben zu müssen. Dazu trägt natürlich die öffentliche Meinung und ganz generell der Versuch, eine Tat zu verstehen, bei. Besser schaut man auf das Ergebnis, so schwer dies auch sein mag. Denn dort liegt auch die Lösung.

Übernommene Schuld

Übernommene Schuld hat etwas mit der Familiengeschichte zu tun. Ein Vorfahre ist schuldig geworden, ohne die Schuld und ihre Folgen zu tragen. Die nicht ausgeglichene Schuld bildet im Familiensystem eine Art Vakuum, in das ein später Geborener hineingezogen wird, denn das kollektive Gewissen sorgt ohne Ansehen der Person für den Ausgleich im System. Je schwerer die Schuld ist, um so länger und tiefer wirkt sie in einem System. So tragen in Deutschland viele Nachkriegskinder schwer an der Schuld ihrer Vorfahren im Dritten Reich.

Die Lösung ist hier, die Schuld bei denen zu lassen, zu denen sie gehört, ohne diese Menschen zu verdammen oder überhaupt urteilend einzugreifen. In schweren Fällen gehört es mit dazu, auf die Opfer zu schauen und um sie zu trauern – aber auch hier, ohne urteilend einzugreifen.

Merkwürdigerweise steckt auch hinter der übernommenen Schuld das Bedürfnis, unschuldig zu sein. Denn das persönliche Gewissen, die kindliche Liebe und Treue, fühlt sich im stellvertretenden Tragen der Schuld den Tätern und/oder den Opfern verbunden und damit in Einklang mit seinem Gewissen und unschuldig. Die erwähnte Lösung, die Schuld und das Leiden bei denen zu lassen, zu denen sie gehören, entlastet zwar von der übernommenen Schuld oder dem übernommenen Leiden, sie geht jedoch mit einem Schuldgefühl gegenüber den Tätern oder Opfern einher. Deshalb muss man diese Menschen (innerlich oder in einer Aufstellung mithilfe der Stellvertreter) anschauen und ihnen sagen, dass man ihre Schuld oder ihr Schicksal jetzt bei ihnen lässt, dass sie es selbst tragen müssen. Dann sieht man nämlich, dass dies den Betroffenen – im Gegensatz zu dem, was die kindliche Helferfantasie uns einreden möchte – gut tut, dass es sie stärkt und versöhnt. Dann verschwinden die Schuldgefühle, und man ist frei.

Angemaßte Schuld

Manche maßen sich eine Schuld an, die ihnen nicht nur nicht gehört (wie bei der übernommenen Schuld), sondern wo es keine Schuld gibt. Wir leiden ja nicht nur unter dem, was uns andere Menschen antun, sondern auch unter dem blinden Wirken des Schicksals. Wenn uns ein Schicksalsschlag trifft, gibt es drei Reaktionen: Die erste ist, dass wir einen Schuldigen um uns herum suchen; dies ist, wenn einem Kind etwas passiert ist, meist der Partner. Wenn wir keinen anderen Schuldigen finden, ist die zweite Reaktion, dass wir uns selbst beschuldigen. Dass *ich* schuld bin, dass meinem Kind etwas Schlimmes zugestoßen ist, ist leichter zu ertragen als die Vorstellung, dass es sein und mein Schicksal war. Denn in dieser Vorstellung habe ich noch die Illusion der Kontrolle (über mein Schicksal), im anderen Fall begegne ich meiner existenziellen Ohnmacht. Die dritte Möglichkeit ist, dass wir – offen oder heimlich – Gott (wenn wir an ihn glauben) oder das Schicksal anklagen. Die Lösung ist, auf all dies zu verzichten. Das folgende Beispiel zeigt, wie dies geht.

Ein Mann hatte vor fünf Jahren ein Kind überfahren. Schuldlos. Er fühlte sich auch nicht schuldig, hatte das Thema früher schon einmal aufgestellt, aber etwas, so meinte er, stimmte noch nicht. Als er (persönlich) dem Stellvertreter des Kindes gegenüberstand, schaute er diesen an, als ob er etwas von ihm erwarte (dem Stellvertreter ging es gut, er empfand keine Feindschaft und keinen Vorwurf). Wollte der Mann dessen Absolution? Er verneinte: „Nein, das ist es nicht, aber ich weiß auch nicht, was es ist."

Ich stellte einen Stellvertreter für das Schicksal auf und bat den Mann zu sagen: „Ich nehme und achte es als unser beider Schicksal."

Er schaute mich entsetzt an: „Das ist zu viel!"

„Sags einfach, versuchs mal."

Er schluckte, sammelte sich, schaute den Stellvertreter des Schicksals und den des Kindes an und wurde ganz ernst. Dann zwang etwas ihn in die Knie, ganz langsam. Zögernd und widerstrebend gab er der Bewegung nach. Zuerst kniete er sich, dann legte er sich flach auf den Boden vor dem Schicksal. Nach einiger Zeit kam er hoch, schaute beide an und sprach dann den Satz zum Schicksal, zutiefst erschüttert. Dann wurde er ruhig, sagte „ja" und wiederholte den Satz. Der Stellvertreter des toten Kindes strahlte, als sei auch er damit von einer Last befreit, die ihn, bei allem Einverständnis mit seinem eigenen Schicksal, noch leicht drückte.

„Natürliche" Schuld

So möchte ich das Gefühl einer Schuld oder inneren Verpflichtung nennen, die wir in tiefster Seele dem Leben und unseren Vorfahren gegenüber empfinden. Normalerweise gleichen wir diese Schuld aus, indem wir das Leben, das wir bekommen haben, weitergeben, indem wir eigene Kinder bekommen. Das wäre der natürliche Weg, der aber heute aus vielerlei Gründen nicht mehr gegangen wird und vielleicht auch nicht mehr gegangen werden kann. Wer keine Kinder bekommt, entzieht sich diesem natürlichen Fluss. Er hat genommen, ohne zu geben, und fühlt sich daher den Vorfahren oder dem Leben gegenüber in der Schuld. Um das Schuldgefühl klein zu halten, macht man dann vielleicht das Geschenk klein, indem man sich nicht ganz traut, das Leben zu nehmen und es sich richtig gut gehen zu lassen, wie folgendes Beispiel zeigt.

Ulla ist verheiratet, über vierzig und kinderlos, ihr Mann hat zwei erwachsene Kinder aus erster Ehe. Mit ihren Eltern hat sie seit langem keinen Kontakt mehr. In dem einwöchigen Kurs stellen wir ihre Herkunfts- und ihre Gegenwartsfamilie auf. Es gibt gute Lösungen, und Ulla geht es gut. Kurz vor Ende des Seminars mache ich mit einer Teilnehmerin eine Aufstellung, bei der ich mehrere Ahnen – Eltern, alle Großeltern und alle Urgroßeltern – hinter sie stelle und sie von ihnen allen das Leben nehmen lasse.

Nach der Aufstellung ist Ulla ganz aufgelöst: „Das muss ich auch machen, bitte", sagt sie sehr eindringlich zu mir. Sie weiß nicht warum, aber ich spüre die echte Dringlichkeit und stimme zu. Als sie alle da stehen: die Eltern, die Großeltern, die Urgroßeltern und deren Eltern, bricht Ulla fast zusammen. Sie kann sich unmöglich vor sie stellen und sich mit dem Rücken an sie anlehnen, wie ich es mit der Teilnehmerin zuvor gemacht habe.

Ich stelle sie den Ahnen gegenüber, sie senkt, wie schuldbewusst, den Kopf – da fällt mir ihre Kinderlosigkeit ein. Jetzt ist mir die Dynamik klar: Ulla fühlt sich vor all den Vorfahren, die das Leben bis zu ihr weitergegeben haben, schuldig, weil der Strom bei ihr aufhört. Aus undenklichen Zeiten ist er geflossen, und jetzt hört er auf.

Ich schlage ihr vor, dies den Vorfahren zu sagen: „Ihr alle habt das Leben weitergegeben, bis zu mir; hier hört es auf."

Es kostet sie viel Überwindung, aber da die Gesichter freundlich schauen, gelingt ihr der Satz. Sie fügt noch hinzu: „Dafür mache ich etwas anderes Gutes aus meinem Leben und gebe es auf andere Art weiter."

Danach kann sie sich an alle anlehnen und den ganzen Lebensstrom in sich aufnehmen.

Über ein Jahr später habe ich Ulla wieder getroffen. Sie hat wieder guten Kontakt mit ihren Eltern (der lange unterbrochen war), und im Gegensatz zu früher belasten die Begegnungen sie nicht mehr. Ihre Beziehung hat sich stabilisiert, sie traut sich jetzt, den Platz neben ihrem Mann ganz einzunehmen als seine Frau, was vorher nicht der Fall war. Sie haben sich auch entschlossen, in dem Haus, in dem sie seit einigen Jahren wohnen, zu bleiben, nachdem sie früher immer nach einer Weile umgezogen sind, was auch jetzt wieder Thema war. Inzwischen haben sie das Haus erweitert. Ihr Mann hat sein Hobby, die Malerei, zum Beruf gemacht, und Ulla ist in die Rolle seiner Managerin hineingewachsen. Sie kümmert sich um die Platzierung seiner Bilder in Ausstellungen und Galerien und hat dabei große Erfolge. Tatsächlich hat sie dem Maler in ihm über die Schwelle geholfen, hat ihn sozusagen mit geboren. Damit hat sie das Mütterliche in sich genährt. Das Schöne ist, dass dies nicht einem Plan entsprang, sondern sich ganz natürlich entwickelte. Im Übrigen: Auch mir haben bei meinem Weg zum Familien-Stellen drei kinderlose Frauen als Hebammen geholfen, und im Lichte dieser Ausführungen wird mir klar, dass sie dabei sowohl mir als auch sich selbst geholfen haben.

Das „Gesetz der Schuld"

Fassen wir zusammen. Schuld ist ein Aspekt des irdischen Lebens. Sie mag klein oder groß, leicht oder schwer sein – irgendwie werden wir alle in dem Sinne schuldig, dass wir auf Kosten anderer etwas bekommen oder uns etwas nehmen. Alles Leben nährt sich von vorangegangenem Leben. Wenn wir dem zustimmen, stimmen wir der Erde und dem Menschlichen zu. Wir sind dann Teil des Lebensprozesses, wie er sich auf der Erde in Jahrmillionen entwickelt hat. Das ist Demut.

Ich werde oft gefragt, wie man seine Schuldgefühle loswerden kann. Hier eine meiner Antworten aus einem Kurs:

Man bekennt sich schuldig. Man gesteht sich das innerlich ein, dass man etwas getan hat, was mit den eigenen Wertmaßstäben nicht übereinstimmt. Das bedeutet es ja: sich schuldig fühlen, dass man etwas getan hat, was für einen selbst nicht in Ordnung ist. Und man gesteht sich das voll und ohne Einschränkung ein.

Was dann passiert, ist: Du musst ein Bild aufgeben. Nämlich das Bild der Unschuld. Du musst die Vorstellung aufgeben, dass du unschuldig bleiben könntest. Und es ist schwer, sich einzugestehen, dass man als Mensch schuldig ist. Wenn man das aber macht, dann verschwindet das Schuldgefühl. Es verschwindet dadurch, dass man der Schuld zustimmt. Und dass man zustimmt, dass die Schuld bleibt, dass sie in keiner Weise mehr zu tilgen ist. Dann ist die Unschuld ein für alle Mal verloren! Und dann braucht man das Schuldgefühl nicht mehr. Schuldgefühle sind immer der heimliche Wunsch nach Unschuld.

In Schuld verstrickt werden wir, wenn wir unschuldig bleiben wollen. Dann erheben wir uns über diesen Lebensprozess – aber nur im Geiste, faktisch sind wir ihm dennoch unterworfen.

Es gibt eine schöne Geschichte von Stefan Zweig, die dies illustriert, *Die Augen des ewigen Bruders*. Sie spielt im alten Indien und erzählt von einem berühmten Krieger, der seinem König in höchster Bedrängnis gegen Aufständische beisteht. Nach erfolgreichem Kampf entdeckt er, dass er im Dunkeln seinen Bruder erschlagen hat, dessen tote Augen ihn stumm anschauen. Er legt das Schwert aus der Hand und lässt sich vom König überreden, Richter zu werden.

Auch hier wird er wieder für seine Weisheit berühmt, bis er mit einem Richterspruch in Schuld verstrickt wird. Da es sein höchstes Streben ist, „ein Gerechter zu sein und ohne Schuld zu leben auf Erden", schlägt er alle Ämter aus, wird Einsiedler und lebt zurückgezogen im Wald. Wieder erlangt er Ruhm, diesmal als Heiliger, und mancher Mann folgt seinem Beispiel.

Eines Tages findet er einen toten Einsiedler, und er geht ins Dorf, um Hilfe für dessen Bestattung zu holen. Die Menschen verneigen sich vor ihm – bis auf eine Frau, die ihn bespuckt. Als er erschrocken fragt, was er ihr getan habe, zeigt sie ihm ihr totes Kind mit den Worten: „Auch ihn hast du gemordet", weil nämlich ihr Mann ihm in die Wälder gefolgt sei und sie mit den Kindern mittellos dem Hunger preisgegeben habe.

Er versucht sich zu rechtfertigen:

„Ich habe dies nicht gewusst, das ich eines anderen Anstoß war. Allein meinte ich zu tun."

Sie aber antwortet:

„Wo ist dann deine Weisheit, du Weiser, wenn du dies nicht weißt, was Knaben schon wissen, dass alles Tun von Gott getan ist, dass keiner sich mit Willen ihm entwindet und *dem Gesetz der Schuld* (Hervorhebung von mir, W. N.). Nichts denn ein Hochmütiger bist du gewesen, der du meintest, Herr zu sein deines Tuns und andere zu belehren: Was dir Süße war, ist nun meine Bitternis, und dein Leben dieses Kindes Tod."

Liebe, die löst

Bindung und Freiheit

Die Veröffentlichungen der neunziger Jahre zum Familien-Stellen und auch die therapeutische Arbeit selbst haben die Bindungen und die dahinter wirkenden Ordnungen in den Mittelpunkt gestellt. Dies war wichtig, denn das Wissen um die Bedeutung dieser Bindungen und deren Achtung ist weitgehend geschwunden. In vielerlei Schattierungen herrscht die Meinung, Freiheit und individuelle Entwicklung seien gleichbedeutend mit dem Abschütteln dieser Bindungen, seien gleichbedeutend mit Unabhängigkeit. Das ist nicht einfach eine Meinung, hinter der nichts steht. Denn man kann nicht übersehen, dass Bindung, Loyalität und Gefolgschaft viel Leid verursachen und dass das Bindungsgewissen dazu missbraucht werden kann, ganze Völker auszurotten. Es ist also psychologisch durchaus verständlich, wenn sich insbesondere die unmittelbare Nachkriegsgeneration aus diesen Fesseln lösen wollte.

Aber der Weg war falsch. Das Familien-Stellen zeigt eindeutig, dass es illusionär ist zu meinen, man könne Familien-, Bluts- und Heimatbande einfach kappen oder durch ein anderes Bewusstsein ersetzen, man könne davon unabhängig sein. So verstandene Freiheit ist destruktiv, für die Gesellschaft wie für den Einzelnen selbst. Es spielt dabei keine Rolle, welchem ideologischen Modell dieses Freiheitsstreben folgt, ob es weltlich oder religiös (z. B. als Freiheit vom Weltlichen oder als „Erleuchtung") verstanden und begründet wird. Freiheit ist nicht Unabhängigkeit.

Sie sind nicht nur nicht dasselbe, sie schließen sich sogar gegenseitig aus. Unabhängigkeit will das Bestehende, all unsere Bindungen und Begrenzungen, nicht wahrhaben. An allen Ecken und Enden unseres Lebens sind wir abhängig, eingebunden, Teil von etwas. Nichts an uns ist unabhängig und könnte es je sein. Alles Leben ist ein Prozess wechselseitiger Abhängigkeiten. Das hören wir nicht gern, es tut unserem Ego sehr weh, denn gerade unsere Ich-Vorstellung, unsere Idee von uns selbst als – wie wir meinen: unabhängige – Person basiert ja auf dieser Illusion. Wir denken zum Beispiel, Geld mache unabhängig, Macht mache unabhängig, Gefühle vermeiden mache unabhängig …, und danach leben und streben wir. Bis zu einem gewissen Punkt stimmt dies auch (bis zu einem gewissen Punkt stimmt auch die mechanische Physik, die die Existenz unabhängiger Teilchen postuliert), aber nur bis zu einem gewissen Punkt. Die Kehrseite ist, dass man sich im Streben nach solcher Unabhängigkeit in größere Abhängigkeiten begibt und verstrickt. Und das, wonach man eigentlich strebte, die Freiheit, bleibt vollkommen auf der Strecke.

Unsere Freiheit brauchen wir nicht zu erstreben, denn sie existiert bereits. Wir müssen sie nur entdecken. Wir finden sie in unserem Gebundensein, in der Anerkennung – der *liebenden* Anerkennung – unserer Wirklichkeit. Das Familien-Stellen zeigt uns nicht nur unser Gebundensein, sondern auch unser Freisein. Beides sind Seiten derselben Münze.

Wir können unsere Bindungen nicht abstreifen, aber wir können über sie hinauswachsen. Dazu müssen wir sie jedoch zunächst nehmen, wie sie sind. Sie gehen dann in etwas Weiteres, etwas Größeres, ein, aber zugleich bleiben sie. Friedrich Engels hat als Beispiel für den dialektischen Umschlag in eine andere Qualität den Wandel von Wasser in Dampf genommen, wobei es ihm (zur Begründung der Notwendigkeit des revolutionären Sprungs) wichtig war, dass dieser Wandel plötzlich, nämlich bei genau 100 Grad Celsius, erfolgt. Viel wichtiger ist es aber, dass das Wasser auch im Wasserdampf noch vorhanden ist. Der Dampf entsteht nur *mit und aus* dem Wasser. Er kann nicht gegen das Wasser sein, er *ist* nur als Wasser, das eine bestimmte Schwelle überschritten hat. Aus einer Revolution gegen das Wasser würde nie Wasserdampf entstehen. Der Übergang in eine andere Ebene setzt das Anerkennen der bestehenden Ebene zwingend voraus, und das Vorherige bleibt, in gewandelter Form, auch im Neuen präsent.

Wenn also beim Familien-Stellen so viel Wert auf die Anerkennung der Bindung gelegt wird, so bedeutet dies keineswegs ein Sich-Sperren gegenüber Entwicklung, Evolution oder Wandel. Im Gegenteil: Es geht darum, wie die Wandlung, die in der Natur angelegt ist, wirklich gelingen kann! Es ist gerade der eigensinnige Widerstand gegen diese natürlichen Wandlungen, der uns in Leid verstrickt. Dieser „Eigen-Sinn" wird fälschlicherweise als Freiheit verstanden. In Wirklichkeit ist dies ein endloser und hoffnungsloser Kampf. Freiheit hingegen ist im Loslassen, im Geschehenlassen und Mitfließen mit dem, was ohnehin geschieht.

Das Familien-Stellen beginnt zwar mit der Familie, aber es geht weit darüber hinaus. Es geht eigentlich um die unserem Leben zugrunde liegenden Wirklichkeiten und darum, damit in Einklang zu kommen. Der Einklang mit dem, was uns durch unsere Eltern an Möglichkeiten und Grenzen gegeben ist, ist dafür die Basis. Kein Weg zur Ganzheit führt um die Eltern herum. Aber zur Wirklichkeit gehört auch der Wandel. Einst waren wir im Mutterschoß – wo es nach allem, was wir wissen, für das Kind sehr angenehm und schön sein soll –, dann mussten wir diese schützende und nährende Höhle, ohne gefragt zu werden, verlassen; wir waren Kinder, kamen in die Pubertät und wurden schließlich erwachsen – alles Stufen des Wandels, den uns die Natur einfach auferlegt. Mit jeder neuen Stufe mussten wir die vorherige zurücklassen und haben sie doch auch mitgenommen, denn die neue Stufe hat ja nie bei Null angefangen, sondern alles Vorherige ist darin eingegangen und besteht – als Gewandeltes – fort. Auf den Erwachsenen folgen dann, wieder als neue Stufen, der alte Mensch und schließlich der Tod. So weit können wir schauen, das Davor und Danach bleiben ein Geheimnis. Aber wir können wohl annehmen, dass auch Empfängnis und Tod nicht wirklich Anfang und Ende, sondern Übergänge aus etwas Anderem und in etwas Anderes sind, und sei dieses Andere ein Nichts, aus dem wir aufgetaucht sind und in das wir zurücksinken werden.

Für unser Leben als Menschen aus Fleisch und Blut sind Anfang und Ende jedoch Tatsachen, und beim Familien-Stellen arbeiten wir mit Tatsachen. Was jenseits davon liegt, wissen wir einfach nicht. Und eine dieser Tatsachen ist der Wandel, dem wir unweigerlich unterworfen sind. Auf einen allgemeinen Nenner gebracht, besteht unser seelisches Leiden nur darin, dass wir uns diesen Tatsachen nicht unterwerfen, dass wir gegen das ankämpfen, was nicht zu ändern ist.

Nicht zu ändern ist zum Beispiel, dass meine Eltern meine Eltern sind – aber auch, dass meine Kindheit so war, wie sie war, und dass das, was wir sind, sich ständig wandelt. Nicht zu ändern ist auch, dass der Lauf der Welt sich nicht nach unseren Wünschen richtet, dass es also Krankheit und Tod und Katastrophen und Not gibt. Das ist in jedem Einzelfall schrecklich, aber der Schrecken hat immer zur Welt gehört und wird immer dazu gehören (dies und die Folgen unseres Versuches, den Schrecken aus der Welt zu schaffen, beschreibt in großartiger Weise Wolfgang Giegerich (1988, 1989) in seinen beiden Bänden zur „Psychologie der Atombombe"). Wenn es nach unseren Wünschen ginge, gäbe es das alles nicht, aber wie lange könnte die Erde uns tragen – ohne Krankheit, ohne Not, ohne Krieg, ohne Alter, ohne Tod? Und was wäre das für ein Leben? Auf jeden Fall kein irdisches und auch kein menschliches. Eine umfassende Erfüllung unserer sehr menschlichen Wünsche würde zu sehr unmenschlichen Zuständen führen (deshalb ist es gut, wenn Utopien Utopien bleiben).

All diesen Tatsachen begegnen wir beim Familien-Stellen, und wir tun eigentlich nichts anderes, als sie anzuschauen und zu nehmen. Wenn wir sie nehmen, müssen wir natürlich auch den ganzen Schmerz mit nehmen. Der tiefste Schmerz ist, dass wir nichts ändern können. Wir müssen uns der Welt fügen, wie sie ist. Müssen tun wir dies sowieso, aber wenn wir inneren Frieden wollen, müssen wir dem aus ganzem Herzen zustimmen. Das bedeutet nichts weniger, als dass wir unser Ego aufgeben müssen. Was wir dafür gewinnen, ist Frieden und Freiheit. Eine Freiheit allerdings, die nicht heißt „tun, was ich will", sondern die heißt „einverstanden sein mit dem, was ist".

Das ist jetzt ein sehr, sehr weiter Blick auf das, was beim Familien-Stellen angestoßen wird. Die Praxis hält sich meist beim Nahen auf. Aber auch beim Nehmen des Nahen, zum Beispiel der Eltern oder eines schweren Schicksals, stirbt unser Ego einen kleinen Tod, um dann jedoch auf einer weiteren, umfassenderen Ebene wieder aufzuerstehen. Genau so, wie es im Leben ist: Der Embryo muss als Embryo sterben, damit er als Kind weiterleben kann; das Kind muss als Kind sterben, damit es als Jugendlicher weiterleben kann; der/die Jugendliche muss als Jugendliche(r) sterben, um Mann oder Frau zu werden, usw. Weil zum Beispiel dieser letzte Schritt oft nicht gemacht wird, weil heutzutage viele ewig Jugendliche bleiben oder zumindest die Jugend nicht ganz hinter sich lassen wollen, scheitern viele Beziehungen.

Das Familien-Stellen steht im Dienste dieser Wirklichkeiten. Psychologisch taucht an dieser Stelle allerdings eine wichtige Frage auf, nämlich: Was mache ich mit dem Kind (in mir oder im Klienten), dessen Wünsche und tiefe Sehnsüchte unerfüllt blieben, das von den Eltern keine Liebe, Zärtlichkeit oder Geborgenheit erfuhr, das weggegeben, geschlagen oder missbraucht wurde? Denn diese Sehnsüchte und Schmerzen, dieses bedürftige oder verletzte Kind im erwachsenen Menschen ist ja auch eine Tatsache, auch ein Teil der Wirklichkeit. Die Antwort ist sehr einfach: Man hilft ihm, sich der Wirklichkeit so zu stellen, wie sie ist, und sie so zu nehmen, wie sie ist.

Das geht nicht ohne Schmerzen. Der größte Schmerz ist, dass wir uns fügen müssen. Nicht wir haben die Welt (das Leben) im Griff (manchmal kommen Klienten zu mir, die als Problem angeben, dass sie ihr Leben nicht mehr im Griff haben; denen sage ich: „Ich kann dir nicht helfen. Bei mir lernst du, dass du es nie mehr in den Griff bekommst"), sondern *die Welt hat uns im Griff*. Das macht uns ganz klein und hilflos, aber das ist die richtige Größe. Und am hilflosesten sind wir, wenn wir lieben. Dann sind wir ganz und gar hilflos, und deshalb haben wir Angst davor. Aber diese Hilflosigkeit existiert nicht nur, wenn wir lieben, sie existiert immer. Wenn wir lieben (ich rede nicht vom Rausch des Verliebtseins), fühlen wir sie nur am deutlichsten. Wenn wir im Lieben allerdings total sein können, wenn wir auch im Schmerz und Verlust lieben können, dann schreckt uns auch die Hilflosigkeit nicht mehr. Aber das ist weit, weit jenseits der gewöhnlichen Liebe, von der hier die Rede ist. Die gewöhnliche Liebe ist hilflos und gelegentlich auch sehr schmerzhaft. Die Fülle erfahren wir, wenn wir uns der Hilflosigkeit und dem Schmerz aussetzen. Das beginnt damit, dass wir uns den einfachen Tatsachen unseres Lebens anerkennend und zustimmend zuwenden.

Die wichtigste Voraussetzung dafür, dass dies gelingt, ist, dass der Therapeut selbst in dieser Haltung ist; dass er selbst der Wirklichkeit zustimmt, wie sie ist; ja, dass er sie *liebt*, wie sie ist. Dann kann der Klient ihm in diese Haltung folgen und sich seiner eigenen Wirklichkeit offen zuwenden. Ob er das dann aushält, kann der Therapeut dann allerdings nicht mehr beeinflussen.

Merkwürdig, wie einfach die Dinge dann oft sind. Da haben manche Jahre oder gar Jahrzehnte lang an ihrer Kindheit gearbeitet, um ihre Wunden heilen zu lassen, ihren Schmerz zu überwinden oder von ihrer Familie loszukommen, und dann das. Man steht vor dem Stellvertreter seines Vaters, schaut ihm in die Augen und sagt: „Du bist mein Vater, und ich bin dein Sohn/deine Tochter." Vielleicht fügt man noch hinzu: „Du bist der Richtige für mich, und ich bin der/die Richtige für dich." Und dann ist es gut. Tonnen von Gewicht fallen von dir ab, du schaust dich um, lachst, du kannst und darfst wieder Kind sein. Und dann, wenn dieses Kind schon eigene Kinder hat, geschieht etwas sehr Schönes: Er oder sie schaut auf die Kinder und fühlt sich plötzlich – oft zum ersten Mal richtig – als Vater oder als Mutter. Erst wer gegenüber seinen Eltern Kind sein kann, kann nämlich gegenüber seinen Kindern Mutter oder Vater sein.

So sind die Dinge. Manchmal, wenn Kursteilnehmer diese Worte nicht über die Lippen bringen oder mich fragend, zweifelnd oder gar böse anschauen, als ob ich ihnen zumuten würde, etwas Unmögliches zu sagen, sage ich zu ihnen: „Stimmt das etwa nicht? Vielleicht solltest du noch einmal im Familienstammbuch nachschauen." Es gibt kein Loskommen, man muss seine Eltern, seine Sippe, seine Vergangenheit nehmen, wie sie sind. So einfach ist die Lösung – oder so schwer, je nach Blickwinkel. Aber wie sollte es anders sein? Es gibt kein Loskommen. Das Gewesene wird immer gewesen sein, und nur wenn wir zustimmen, dass es so, wie es ist, gewesen ist und gewesen sein darf (dass es also nicht hätte anders sein sollen), kann es gewesen *bleiben*. Dann, und nur dann, kann es (als Gewesenes und als solches Genommenes) in der Vergangenheit ruhen. Wir sind es damit nicht los, haben es nicht abgeschüttelt, aber es terrorisiert uns nicht mehr in der Gegenwart, denn es hat seinen Platz. Wenn wir die Vergangenheit annehmen, wie sie war, sind wir nicht mehr in ihrem Bann. Wenn wir die Eltern nehmen, wie sie sind, sind wir nicht mehr in ihrem Bann. Das ist die einzige Freiheit, die wir haben: das, was ist, zu nehmen.

Was uns dabei hilft, ist die Liebe. Sie baut eine Brücke zwischen Vergangenheit und Zukunft. Sie bindet nicht nur, sie macht auch frei. Aber es ist eine eingebundene, eine verbundene Freiheit, keine losgelöste. Deshalb macht diese Freiheit auch nicht einsam. Man ist nämlich über die Liebe weiter in Verbindung. Diese Verbindung ist nicht mehr einengend, nicht mehr eng, aber sie ist da, im Herzen. Wer im Herzen verbunden bleibt, ist frei für seinen eigenen Weg. Und dieser Weg ist dann auch kraftvoll, weil er Kraft aus der Verbundenheit schöpft.

Die kindliche Liebe, von der hier viel die Rede war, ist schwach und ohnmächtig. Sie ist deshalb ohnmächtig, weil sie allmächtig sein will. Dahinter wirkt nämlich die magische Vorstellung, dass ich, zum Beispiel durch ein eigenes Opfer, das Schicksal bezwingen kann. Diese magische Haltung liegt vielen „religiösen" und quasi religiösen Handlungen zugrunde: Man zündet Kerzen an, damit Gott oder Maria dies oder jenes für mich tut (es können auch Räucherstäbchen sein, und die Adressaten mögen Shiva oder Kali heißen), man betet oder man leidet ganz einfach, weil man meint, damit eines anderen Leid mindern zu können. Was auch immer es ist, wie auch immer sich diese Haltung ausdrückt: Dahinter steckt eine heimliche Allmachtsfantasie, eine angemaßte Größe. Je kleiner und kindlicher sich diese Haltung gibt, umso maßloser ist sie, je demütiger sie sich gibt, umso hochmütiger ist sie.

Weil sie – heimlich – allmächtig sein will, ist sie am Ende ohnmächtig. Aus einem, den das Schicksal schwer getroffen hat, und einem, dem das Leben potenziell alles bietet, werden zwei Leidende.

In einem Seminar sagte eine Frau mit mitleidsvollem (und auch, an meine Adresse gerichtet, leicht vorwurfsvollem) Ton:

„Ich spüre gerade die Erregung meiner Nachbarin!"

Ich habe geantwortet: „Das ist doch *ihre* Erregung! Das Problem ist bei *dir*, nicht bei ihr. Dass du auf die negativen Energien der anderen springst und meinst, dir da etwas nehmen zu müssen. Wenn ich das so machen würde, dann würde ich ja vor die Hunde gehen! Ich könnte euch überhaupt nicht helfen, nicht im Geringsten. Du hilfst damit niemandem! Erlaube dir, es dir gut gehen zu lassen inmitten einer Welt, wo es den anderen schlecht geht! Weil: Dein Beispiel könnte ansteckend sein! Es würde sich lohnen, wenn es wenigstens einem dann gut geht. Aber wenn du aus Solidarität mit den anderen, denen es schlecht geht, es dir auch schlecht gehen lässt, dann ist die Welt ein bisschen schlechter, und wenn du es dir erlaubst, es dir gut gehen zu lassen, dann ist die Welt ein bisschen besser und ein bisschen schöner!"

Es ist eine kindliche und zugleich anmaßende Fantasie, dass man einem anderen Menschen sein Schicksal abnehmen oder es stellvertretend für ihn tragen oder ihm durch „Mit-Leiden" erleichtern könnte. Man kann dies in den Aufstellungen sehr deutlich sehen: Diese Haltung schwächt beide, den, der stellvertretend (mit) leidet, und den, für den gelitten oder (mit) getragen wird. Wie sollte es einem vom Schicksal hart getroffenen Menschen auch besser gehen, wenn jemand anders auch noch leidet? Wenn man jedoch einem Menschen sein Schicksal mit Liebe und Achtung „zu-mutet" (das Wort hängt etymologisch mit „Mut" zusammen), richtet sich dieser regelmäßig auf, wird größer und stärker und fühlt sich geachtet.

Damit die Ohnmacht (das Ohnmachtsgefühl) schwindet, muss man den Allmachtsanspruch aufgeben. Man muss, ähnlich wie bei der Schuld, einsehen und zustimmen, dass man tatsächlich ohnmächtig ist. Dass das Leben größer ist als ich und dass ich es weder bezwingen noch überlisten kann. In dieser Haltung keimt dann eine Liebe, die man in dem Sinne erwachsen nennen kann, dass sie das Leben, die Menschen und die Dinge in ihrer Wirklichkeit anschaut, nimmt und liebt. Wirkliche Liebe ist immer Liebe zur Wirklichkeit. Alles andere ist narzistisch. Ich habe dies selten so klar und kraftvoll formuliert gefunden wie bei Wolfgang Giegerich (1988, S. 91 ff.), der schreibt:

„Die Liebe ist das, was uns ein Gegenüber als ein Gegebenes und Gebendes, Schenkendes erfahren lässt. Nur die Liebe ist bereit, sich etwas geben zu lassen und sich von dem Gegebenen über seine Eigenart belehren zu lassen. Das Gegebene, das ist sozusagen die Definition für die ‚Erde', für den ‚Körper', die ‚Wirklichkeit'. Überall, wo Liebe ist, ist sie Liebe zur ‚Erde'; das gilt auch für die Liebe zu einem Menschen, denn was die Liebe in dem geliebten Menschen liebt, ist seine ‚Erde', seine Wirklichkeit und Gegebenheit. Dadurch unterscheidet sich die Liebe ja von dem Eigensinn, der Selbstsucht, dass sie dem geliebten Gegenüber nicht ein Idealbild überstülpt und nicht vorwirft, mit dem eigenen Ideal, das man von ihm hat, nicht übereinzustimmen. Liebe ist die Bereitschaft, leidend (und auch die Beglückung ist ein *pathein*) zu erfahren, wie der Geliebte wirklich ist, und den Schmerz dieser Erfahrung nicht als Einwand gegen den Geliebten zu verwenden. (...) Immer liebt die Liebe das Wirkliche, einfach weil es wirklich ist, und wo sie das nicht täte, d. h., wo sie nur deshalb liebte, weil etwas mit den eigenen Wünschen übereinstimmt, wäre sie keine Liebe."

Die Liebe, die löst, ist die Liebe zur Wirklichkeit, zur Erde, zum Gegebenen. „Genau dieser Körper: der Buddha, genau diese Erde: das Lotusparadies" (Osho). Genau dieser Vater: der richtige, genau diese Mutter: die einzig mögliche und richtige. In dieser Haltung ist die

Bindung als Teil der Wirklichkeit genommen und aufgehoben. Diese Liebe löst und verbindet zugleich. Sie löst, weil darin kein Anspruch und kein Kampf mehr liegen. Anspruch und Kampf fesseln. Solange ich von jemandem etwas haben will oder gegen jemanden oder etwas kämpfe, bin ich an ihn oder an das, wogegen ich kämpfe, gebunden. Ich bleibe auch gebunden, wenn ich den äußeren Anspruch aufgebe („Ich will nichts mehr mit dir zu tun haben"), aber innerlich sauer bin – dann ist der Anspruch nämlich heimlich immer noch da. Die Liebe macht mir sozusagen den Rücken frei. Indem ich liebend auf das schaue, was mir gegeben wurde (was immer es ist), und auf die, die gegeben haben, kann ich mich umwenden und in mein eigenes Leben gehen. Über die Liebe bleibe ich verbunden, ohne weiter im Bann zu sein.

Ich bringe dazu noch ein Beispiel. Es ist ein Brief, den mir eine Teilnehmerin etwa eineinhalb Jahre nach ihrer Aufstellung schrieb.

„Ich habe letztes Jahr im Januar in Köln an einer Aufstellung bei dir teilgenommen, und es hat sich durch die Aufstellung sehr viel getan.

Es ging, kurz gesagt, darum, dass meine Mutter mit neun Jahren als Sudetendeutsche ihre Heimat verlassen musste. Du sagtest zu mir, dass ich meine ‚weiblichen Wurzeln' völlig abgeschnitten hätte und mich total mit der Familie meines Vaters, den ich geliebt habe und der mich missbraucht hat, identifiziert habe. Ich sollte mich dann während der Aufstellung ganz tief vor dem Sudetenland verneigen. Bisher wollte ich ‚mit diesem ganzen reaktionären Kram' wie Vertriebenenverbänden etc. nichts zu tun haben und hatte mich deshalb überhaupt nicht mit der Vergangenheit meiner Mutter auseinander gesetzt.

Durch die Familienaufstellung bin ich neugierig geworden, habe jedoch noch bis Weihnachten gewartet und dann zum ersten Mal die Kopien hervorgeholt, die meine Mutter mir auf meinen Wunsch hin direkt nach der Familienaufstellung zugeschickt hatte. Es waren Buchauszüge von Interviews, die Anfang der fünfziger Jahre mit verschiedenen Bewohnern des Ortes, aus dem meine Mutter stammte, gemacht wurden. Ich musste heulen wie ein Schlosshund. Meine Mutter hatte zwar früher ab und zu mal vom ‚Lager' erzählt, aber ich hatte mir da so eine Art Ferienlager vorgestellt. Jetzt las ich, was da wirklich abging bzw. was diese Leute berichteten. Jetzt las ich, welche Demütigungen, Vergewaltigungen, Brutalitäten, Raub und Mord von Seiten der tschechischen Bevölkerung und auch der russischen Besatzer an den deutschstämmigen Bewohnern des Sudetenlandes stattfanden.

Von meinem Vater hatte ich als Kind immer nur gehört, dass die Deutschen selbst schuld wären, sie hätten ja schließlich den Krieg angefangen; und er gab immer den Tschechen und den Russen Recht. Doch jetzt beim Lesen begann mein Bild zu bröckeln. Natürlich ist es durch nichts zu verzeihen, was die Deutschen anderen Volksgruppen und Völkern (allen voran den Juden und den Russen) angetan haben, aber auf einmal begann ich Mitleid für meine Mutter zu empfinden. Sie war ein neunjähriges Kind, sie hatte ihren Vater noch vor ihrer Geburt verloren, ihre Mutter war als Besitzerin eines Lebensmittelgeschäfts sehr beliebt bei der tschechischen Bevölkerung und sprach fließend deren Sprache. Und ihre Mutter hatte wegen des Geschäfts nie Zeit für sie.

Ich rief meine Mutter dann kurz vor Silvester an und erzählte ihr, wie sehr mich die Interviews berührt haben. Ich bat sie, mir doch so detailliert wie möglich ihre eigenen Erinnerungen aufzuschreiben. Sie war ganz erstaunt, dass sich jemand dafür interessiert und sagte ‚ja'. In den nächsten Wochen schrieb sie täglich mehrere Stunden und schickte mir dann den Bericht, zusammen mit Kopien von allen möglichen alten Dokumenten, die sie noch besitzt. Wiederum musste ich total heulen. Und meine ansonsten immer so gefasste Mutter gestand mir, dass es sie auch öfters ‚überkam' beim Schreiben. Sie war sehr berührt, dass mich das alles so interessierte.

Anfang März fand ein Seminar mit Michael Barnett in Prag statt. Ich beschloss, daran teilzunehmen und nach Abschluss des Seminars in den Heimatort meiner Mutter zu fahren. Meine Mutter war ganz aufgeregt, und fortan schickte sie mir Skizzen, wie ich vom Bahnhof zum Haus ihrer Mutter komme, kopierte mir Informationen über Tschechien aus dem Internet, schrieb mir tschechische Wörter auf, schickte mir Fotos von dem Haus und Postkarten von dem Ort.

Schon während des Seminars in Prag fühlte ich mich zu Hause. Ich bekam von einer Assistentin von Michael die Rückmeldung, dass sie das Gefühl habe, meine Energie und die Energie der tschechischen Teilnehmer passten total zusammen. Auch in Prag fühlte ich mich sehr wohl. Ich liebe die Sprache und die Mentalität der Menschen. So ein Gefühl von ‚Heimat' tauchte in mir auf. Ich hätte sofort dort bleiben können.

Nach dem Seminar war es dann soweit. Bei eisiger Kälte fuhr ich zweieinhalb Stunden in zwei unbeheizten Zügen zum Heimatort meiner Mutter. Dort angekommen, war ich total positiv erstaunt. Ich hatte mir immer ein kleines Kaff vorgestellt, kam jedoch in einer Kreisstadt an. Die Stadt und ihre alten Kirchen und Gebäude gefielen mir sofort (trotz der eisigen Kälte und meiner völlig unangemessenen Kleidung). Dank der Skizzen meiner Mutter fand ich das Haus meiner Oma sehr schnell. Es gefiel mir sehr gut. Und für einen Moment tauchten zum ersten Mal in meinem Leben Gedanken auf, für die ich mich anschließend schämte. Ich dachte mir, wie das wohl wäre, wenn mir neben meiner Schwester und meinen beiden Cousins ein Viertel dieses wunderschönen Eckhauses gehören würde. Geschämt habe ich mich deshalb, weil die Halbschwester meiner Mutter seit Jahrzehnten alles daran setzt, dieses Haus wiederzubekommen, das meine Oma ‚mit ihrer Hände Arbeit' aufgebaut hat. Von Kind an habe ich von meinen Eltern und besonders von meinem Vater immer wieder gehört, dass sie mit diesen reaktionären Machenschaften meiner Tante nichts zu tun haben wollen und dass die Enteignung des Hauses wenigstens eine geringe Wiedergutmachung für das ist, was die Deutschen im Krieg anderen angetan haben.

Aber dann stand ich davor und musste daran denken, dass meine Oma seit ihrem vierzehnten Lebensjahr schwer geschuftet hat und zweimal vor der Geburt ihres jeweiligen Kindes den Vater des Kindes durch Tod verloren hat. Ich musste daran denken, wie bescheiden sie immer war und dass sie sich dieses Haus förmlich vom Munde abgespart hatte. Und ich musste daran denken, dass sie im Alter von 49 Jahren all das verloren hat und später im Westen als ‚zu alt' abgestempelt wurde und ihr Dasein durch Hilfsarbeiten fristen musste, um meine Mutter und ihre Halbschwester durchzubringen.

Als ich so in Gedanken versunken dastand, wurde auf einmal in der obersten Etage des Hauses ein Vorhang zur Seite geschoben, und eine uralte Frau beobachtete mich. Meine Mutter hatte mir vorher erzählt, dass zwei allein stehende Frauen das Haus damals nach der Enteignung vom tschechischen Staat bekommen hatten. Sie war jedoch der Meinung, dass die beiden Frauen wohl nicht mehr leben. Als ich dann diese uralte Frau dort oben am Fenster sah, ging regelrecht mein Herz auf. Und auf einmal hatte ich ein Gefühl tiefsten Friedens. Auf einmal war es für mich total okay, dass dieses Haus jetzt in tschechischen Händen ist und bleibt, und ich habe mich sehr darüber gefreut, wie liebevoll gepflegt das Haus aussah. Ich fand es schade, dass ich kein Tschechisch spreche, denn sonst hätte ich mich gerne mit der alten Frau unterhalten. So jedoch habe ich mir noch eine Weile die Umgebung angeguckt und bin dann gegangen. Es war ganz aufregend, den Hügel zu sehen, auf dem meine Mutter immer mit dem Schlitten heruntergefahren ist, und den Berg zu sehen, auf dem sie ihre ersten Skier ausprobiert hat.

Auf dem Rückweg zum Bahnhof habe ich einen alten Mann auf Englisch nach dem Weg gefragt, und er antwortete mir in fließendem Deutsch. Dann bin ich zufällig (?) an den Restmauern der damaligen Synagoge vor-

beigekommen, die – laut Tafel – in der Reichskristallnacht zerstört worden ist. (Meine Mutter konnte sich an die Synagoge überhaupt nicht mehr erinnern, aber sie war ja auch noch nicht einmal drei Jahre alt, als diese zerstört wurde.) Als ich vor diesen Mauern stand, war ich noch einmal sehr berührt, und mein Gefühl von Scham tauchte wieder auf.

Mit meiner Mutter habe ich seit Anfang des Jahres ein wesentlich innigeres Verhältnis als jemals vorher. Wir telefonieren jede Woche, und ab und zu, wenn ich in Köln bin, treffen wir uns. Es ist so, als wäre ein Knoten geplatzt. Bisher hatte ich immer das Gefühl, dass sie meine Schwester vorzieht, jetzt plötzlich hat sie sich bei einer Differenz mit meiner Schwester auf meine Seite geschlagen. Und plötzlich ist sie wirklich eine Mutter für mich, die mich unterstützt und mir Mut zuspricht, all das, was ich in der Kindheit vermisst habe. Es ist so, als habe sich durch meine Beschäftigung mit ihrer und meiner Vergangenheit auch etwas in ihr gelöst, und auch sie hat sich gesehen gefühlt. Durch die Familienaufstellung sind Brücken geschlagen worden. Danke!"

Das Anschauen und Sicheingestehen der Bindungsliebe kann ganz neue Gefühlswelten in einem öffnen (und dabei gleichzeitig ganze Ideenwelten und Überzeugungssysteme einstürzen lassen) und einem die Familie bzw. innerlich ausgeblendete Teile davon buchstäblich wieder zurückgeben. Dies ist ein unverzichtbarer Beitrag zur eigenen Ganzheit. Wir sehen aber hier, dass der Weg zur Lösung nicht ohne Opfer zu haben ist. Das Opfer, das diese Teilnehmerin bringen musste, war das Aufgeben ihres Weltbildes, ihrer politisch-ideologischen Ansichten und, viel tiefer, ihrer einseitigen Treue zum Vater. Das ist häufig zu beobachten: Wenn Mutter und Vater (äußerlich oder innerlich) getrennt sind oder wenn ein Elternteil die Familie des anderen (oder das Geschlecht des anderen) schlecht macht, dann ist das Kind in einem schweren Konflikt: Innerlich will es beiden Eltern treu sein, denn es liebt beide Eltern, und es *ist* beide Eltern. Es kann diesen Konflikt nur lösen, indem es sich nach außen hin und bewusst auf die eine Seite stellt, in der Seele jedoch der anderen Seite treu bleibt. Diese Treue drückt sich dann meist darin aus, dass man die Krankheiten oder schlechten Eigenschaften der verdrängten Seite übernimmt. So weist uns die Seele darauf hin, dass diese Seite auch zu ihrem Recht kommen möchte, und sie gibt erst Ruhe, wenn wir dies anerkennen und in uns leben lassen.

Diese Teilnehmerin hier war äußerlich dem Vater treu und innerlich der Mutter. Auch der Inzest folgte diesem Muster, er geschah, so befremdlich sich dies anhören mag, aus Liebe zu *beiden* Eltern. Er war die kindliche Lösung, beiden treu zu bleiben. Die erwachsene Liebe verzichtet auf diese Treue. Sie schaut auf die Wirklichkeit und sagt: „Ich bin das Kind von euch beiden, ich nehme von euch beiden, zu gleichen Teilen. Aber ich bin *nur* das Kind, nicht mehr. Alles, was zwischen euch Erwachsenen ist, geht mich nichts an. Das regelt ihr allein. Euer Schicksal achte ich und lasse ich bei euch, mit Liebe." Das wäre die Liebe, die löst. Merkwürdigerweise wird das Kind (auch) innerlich erwachsen, wenn es ganz zum Kind wird, sich also der natürlichen Ordnung fügt. Die erwachsene Liebe setzt das Kindwerden gegenüber den Eltern voraus. Offensichtlich ist sie bei dieser Teilnehmerin durch die Aufstellung angestoßen worden. Mehr als dieses Anstoßes bedarf es nicht – wenn man es ernst meint und davon berührbar ist, macht die Seele den Rest allein. Wie man hier sieht, braucht sie dazu Zeit, und man darf sie nicht drängen. Aber der ernsthaften Bereitschaft bedarf es schon.

Das Schwere daran ist, dass man sich zuerst gänzlich zur Familie hinbewegen muss (bzw. zu den nicht geachteten oder vergessenen Personen in ihr), ehe man sich umdrehen und in sein eigenes Leben gehen kann. Die zweite Bewegung setzt die erste voraus, und diese ist oft schmerzhaft, weil sie uns mit der Hilflosigkeit unserer Liebe und der Unerbittlichkeit der Wirklichkeit gegenüber unseren Wünschen konfrontiert. Dem können wir jedoch nicht entgehen. Wer sich von der Familie abwendet, ohne sie vorher ganz genommen zu haben, ist im Innern ganz in ihrem Bann. Freiheit als Losgelöstheit, als Ungebundenheit, ist Illusion! Bert Hellinger hat für den Vorgang des Nehmens und Lösens ein schönes Bild. Er sagt: „Wenn die Familie auf diese Weise in Ordnung gebracht ist, kann der Einzelne aus der Familie hinausgehen. Dann spürt er die Kraft der Familie im Rücken. Erst wenn die Bindung an die Familie anerkannt ist und die Verantwortung klar gesehen und verteilt wird, fühlt sich der Einzelne entlastet und kann seinem Eigenen, Besonderen nachgehen, ohne dass ihn das Frühere belastet und einholt." Man kann auch sagen: Wer versucht, der Bindung an seine Familie oder an einen Teil davon zu entgehen, der bleibt in ihrem Bann. Wer die Bindung nimmt, ist frei.

Teil III: Die phänomenologische Methode: Ein Dialog mit der Seele

Phänomenologie als Lebenshaltung und Methode

All die Ordnungen und Dynamiken, von denen ich bisher berichtet habe, sind im Laufe der letzten zwanzig Jahre nach und nach – zumeist von Bert Hellinger selbst – gefunden worden. „Gefunden worden" heißt, sie haben sich im therapeutischen Prozess gezeigt, sie sind nicht das Ergebnis einer Theorie. Sie sind abgelesen aus der unmittelbaren Beobachtung. Dieser Beobachtung liegt eine Methode zugrunde, die Bert Hellinger „phänomenologisch" genannt hat. Das Familien-Stellen wird in der Tiefe nur verständlich, wenn man diese Haltung versteht. Ich sage „Haltung", weil die phänomenologische Vorgehensweise nur vordergründig eine therapeutische Methode ist. Sie ist dies natürlich auch, aber dahinter steckt eine besondere Haltung zur Welt, die anders ist als die, die wir gewohnt sind. Methode und Welthaltung sind eigentlich nicht voneinander zu trennen. Wenn man sich tief auf das Familien-Stellen Hellinger'scher Prägung einlässt, kommt man um diese Welthaltung nicht herum. Da sie im Methodischen sichtbar und konkret wird, möchte ich sie auf diesem Gebiet auch beschreiben. Das ist natürlich in erster Linie für Therapeuten interessant, aber auch Nicht-Therapeuten können daraus wertvolle Anregungen ziehen, die ihre Haltung zur Welt, zur Seele und zum Wissen betreffen und ihrem Leben eine ganz neue Richtung geben können. Denn das, was in der phänomenologischen Methode zum Ausdruck kommt, ist in der Tiefe eine Haltung zur Welt, die wir in unserem ganz alltäglichen Leben einnehmen und praktizieren können und die uns dort die gleiche Tiefe, Sicherheit, Kraft und Leichtigkeit geben kann, wie wir sie beim Familien-Stellen erleben.

Die phänomenologische Vorgehensweise ist das Herz der Aufstellungsarbeit *nach Hellinger*. Dabei setzt man sich offen, ohne Absicht, der Wirklichkeit aus, wartet, was diese Wirklichkeit – hier repräsentiert durch den Klienten und die Aufstellung – zeigt, und handelt (spricht) dementsprechend, ohne darüber nachzudenken. Die Kraft kommt dabei aus der Wirklichkeit selbst, nicht etwa aus dem Wissen des Therapeuten. Eher aus seinem Mut, sich dem Nicht-Wissen auszuliefern. Der Therapeut muss sich dabei, wie Bert Hellinger mit Bezug auf den altchinesischen Weisen Laotse formuliert, „in seine *leere Mitte*" zurückziehen und von dort aus auf den Klienten und sein System *„schauen"*. Dieses *Schauen* ist ein eher passiver als aktiver Vorgang. Man macht sich *kein Bild* vom Klienten, ordnet ihn und sein Problem nicht ein, sondern schaut einfach hin und wartet, was auftaucht. Dabei muss man mit der Seele des Klienten in Kontakt sein und sich der Lösung unterwerfen, die von dort erscheint. Dann handelt man sofort, ohne zu reflektieren, oft auch ohne zu verstehen. Die Einsicht kommt erst später, und man überprüft das Gesagte oder die Handlung an der Wirkung.

Hellinger hat drei Grundsätze aufgestellt für die innere Haltung des Therapeuten im phänomenologischen Prozess: ohne Furcht, ohne Absicht und ohne Liebe.

Erstens: Der Therapeut muss ohne Furcht sein.

Das heißt: Was immer bei der Aufstellung herauskommt, er darf nicht versuchen, das in irgendeiner Weise abzumildern. Selbst wenn etwas herauskommt, was für den Aufstellenden sehr schwierig ist, muss man ihm das ganz zumuten. Wenn der Therapeut versucht, ihm dabei den Weg etwas zu erleichtern, dann lädt er sich erstens selbst etwas auf, was ihm nicht gehört, und zweitens nimmt er der anderen Person etwas weg. Denn jeder ist in der Lage, sein Schicksal zu meistern, und das darf kein anderer für ihn machen. Also das Erste ist, dass man nicht zurückschreckt, wenn man merkt: Jetzt kommt etwas Unangenehmes heraus. Und dass man auch nicht versucht, das in irgendeiner Weise noch verdaulich zu machen.

Der Therapeut darf auch nicht zögern, etwas auszusprechen oder zu tun, was er kurz wahrnimmt, dessen er sich aber nicht sicher ist.

Das Zweite ist: Er muss *ohne Absicht* arbeiten, vor allen Dingen auch *ohne die Absicht zu helfen.*

Man darf also nicht auf etwas Bestimmtes hinauswollen. Zum Beispiel einem Paar helfen, zusammenzubleiben; oder jemandem helfen, sein schweres Schicksal zu erleichtern (zum Beispiel einer Frau, die vergewaltigt oder missbraucht wurde); oder, was angesichts der näher rückenden Kriege in Mode zu kommen scheint, mit politischen Aufstellungen „Friedensarbeit" machen oder die Begrenzungen des Gewissens überwinden zu wollen.

All dies wäre ein absichtsvolles therapeutisches Tun, das nicht der Wirklichkeit dient, sondern diese den Wünschen des Ich anzupassen versucht – manchmal den Wünschen des Klienten, oft aber auch denen des Therapeuten, der die Wirklichkeit nicht aushält. Hinter diesem Tun steht dann auch nicht die Kraft der Wirklichkeit, und es wird daher nicht weit reichen.

Beides, ohne Furcht und ohne Absicht, bezieht auch den Tod mit ein. Der Therapeut darf keine Angst vor dem Tod haben und auch nicht versuchen, jemanden vor dem Tod zu retten. Das macht deutlich, dass das phänomenologische Familien-Stellen vom Therapeuten weit mehr verlangt als die Beherrschung einer therapeutischen Methode.

Beim dritten Punkt unterscheide ich mich ein bisschen von Hellinger – aber ich denke, nur in der Formulierung. Er hat gesagt, man muss ohne Liebe arbeiten. Das tut er aber selbst überhaupt nicht. Wer ihn genau beobachtet, sieht, dass er voller Liebe und Mitgefühl ist. Und das ist auch notwendig, denn sonst öffnet sich ein Klient nicht ganz. Je mehr er sich gesehen und angenommen (und das heißt auch: geliebt) fühlt, umso mehr kann er sich öffnen.

Aber die Liebe muss über seine Person hinausgehen, sie muss jenseits einer persönlichen Beziehung zu dieser Person sein. Sie gilt eigentlich seiner Seele. Deshalb erscheint der Therapeut auf der persönlichen Ebene manchmal sehr hart, ohne Mitleid, obwohl er auf einer tieferen Ebene liebt. Der Klient kann dies sehen, wenn er dem Therapeuten in die Augen schaut, und der Therapeut kann es dann auch fühlen. Wenn er dabei hart ist, kann er nicht mit dem Klienten arbeiten. Er muss dem Klienten mit offenem Herzen begegnen und mit seiner Seele in liebendem Kontakt sein. Aber er darf sich nicht ins Mitleid hineinziehen lassen, er darf nicht auf der persönlichen

Ebene kooperieren. Es ist also eine Liebe ohne Mitleid, eine unpersönliche, mitleidslose Liebe.

Ich möchte ein viertes Element hinzufügen: die Achtsamkeit. Das phänomenologische Arbeiten erfordert eine große Achtsamkeit, ein genaues Hinschauen und Hinhorchen und Hinspüren. Diese Achtsamkeit geht sowohl nach außen, zum Klienten hin, als auch nach innen, zu einem selbst hin. Das Wort Achtsamkeit enthält auch die Achtung, die Achtung vor dem anderen und seinen Grenzen wie die Achtung vor mir selbst und meinen Grenzen. Achtsamkeit ist etwas sehr Feines, das sehr viel Übung erfordert; wenn man jedoch in eine Ernstsituation hineingeworfen wird und sich ihr furchtlos aussetzt, wächst uns aus dieser Situation zunächst das momentane Wissen um das rechte Maß zu. Auf diese Weise können wir Achtsamkeit lernen.

Mit Bezug auf Gewissen und Seele ist es so, dass eine phänomenologische Therapie nur von der Seelenebene aus funktioniert. Der Therapeut muss in der Lage sein, sich aus seinen Gewissensbindungen heraus auf die Seelenebene zu bewegen, denn nur von dort aus kann er sich dem Klienten und dessen Gewissensbindungen offen zuwenden. Nur dort gewinnt er auch die Offenheit, ohne Urteil, ohne Absicht und ohne Furcht auf Täter und Opfer zu schauen, nicht Partei zu ergreifen und nicht mit dem Klienten verstrickt zu werden. Nur dort kann er auch offen und durchlässig sein für die manchmal schrecklichen Prozesse, die in einer Aufstellung zu Tage treten, denn in der Seele haben alle diese Dinge einen Platz.

Wenn man so arbeitet, dann sieht das manchmal sehr hart aus, aber da ist eigentlich das tiefste Mitgefühl dabei. Natürlich besteht dabei eine Gefahr: die Gefahr, dass man den Klienten übergeht, dass man nur auf das Große schaut und den Klienten aus dem Auge verliert. Das wäre Anmaßung. Die Aufstellungsmethode enthält jedoch ein probates Mittel, dieses Risiko gering zu halten: die Rückmeldung durch die Stellvertreter und die Gruppe.

Jakob Schneider, ein langjähriger Schüler und Weggefährte Bert Hellingers, gibt ein sehr schönes Beispiel für die Wirksamkeit der phänomenologischen Wahrnehmung (2001, S. 24), das gleichzeitig die Begrenztheit von Aufstellungsregeln zeigt. Er schreibt:

„Ein Mann stellte seine Herkunftsfamilie auf, und kaum hatte er die Stellvertreter geholt, fingen die auch schon zu kichern und herumzualbern und alsbald laut zu lachen an. Der Mann hatte gar keine Chance mehr, die Stellvertreter aufzustellen, und war schockiert. Im ersten Moment wollte ich schon abbrechen, aber der Blick auf den Ernst und die Betroffenheit des Mannes hielt mich ab. Als sich die Stellvertreter nicht mehr beruhigten, kam mir ein Bild, und ich teilte es mit: ‚Das ist eine Hochzeitsgesellschaft!'

Da nickten die Stellvertreter lachend, und der Mann sagte: ‚Ich habe einmal gehört, dass während der Hochzeitsfeier meiner Eltern während des Mittagessens eine fremde Frau mit ihrer zwanzigjährigen Tochter aufgetaucht, vor meine Mutter getreten sei und gesagt habe: »Die Ringe an der Hand meiner Tochter hat Ihr frisch Angetrauter meiner Tochter geschenkt mit dem Versprechen, sie zu heiraten«.' Da wurde es bei den Stellvertretern völlig still, und alle waren tief betroffen. Ich holte jemanden für diese Frau und ihre Tochter, stellte sie der ‚Hochzeitsgesellschaft' gegenüber, und nun konnte das Nötige zwischen den Personen der Familie getan werden."

Schneider beschreibt hier, wie er sich von einer blitzartigen, d. h. plötzlich aufscheinenden, Wahrnehmung leiten lässt und dabei das handwerklich-methodische Erfahrungswissen außer Acht lässt. Letzteres hätte zu der Vermutung führen müssen, der aufstellende Klient oder die Stellvertreter seien nicht gesammelt, etwas stimme nicht. Tatsächlich war dies offenbar Schneiders erster Gedanke, denn er wollte die Aufstellung abbrechen, was in einem solchen Fall angemessen gewesen wäre. Stattdessen lässt er sich jedoch von der Wahrnehmung leiten, dass der Klient sehr betroffen ist, was unmittelbar zu einem Bild führt (Hochzeitsgesellschaft), das scheinbar aus dem Nichts kommt und über dessen Bedeutung der Therapeut nichts wissen kann. Indem er sich jedoch blind darauf verlässt und es einfach ausspricht, kommen die Dinge schlagartig in Bewegung, und es zeigt sich die wirkliche Dynamik. Hätte Jakob Schneider sich an Aufstellungsregeln und Erfahrungswissen gehalten, hätte er abbrechen müssen. Damit hätte er zwar niemandem geschadet, aber auch nicht geholfen.

Mir fällt dazu ein eigener Fall ein, bei dem mir das Eigentliche jedoch nicht so schnell entgegenleuchtete wie Jakob Schneider. Vielleicht habe ich es auch nur nicht gleich wahrgenommen, weil die

Sache um einiges brisanter war. Die Aufstellende war eine Frau, die beabsichtigte, bei mir eine Fortbildung zu machen. Darüber hatten wir ein Vorgespräch geführt, das bei mir einen zwiespältigen Eindruck hinterlassen hatte: Die Frau war einerseits ernst und entschlossen, andererseits ging etwas merkwürdig Unehrliches, eine Art Verstellung, von ihr aus, wobei ich nicht das Gefühl hatte, dass sie bewusst etwas verdrehte oder verheimlichte. Genau dieser Eindruck stellte sich dann auch in ihrer Aufstellung ein, und zwar nicht nur bei mir, sondern auch bei den Stellvertretern und dem Publikum. Ich hatte mit ihrer Gegenwartsfamilie gearbeitet, weil ein Kind gestorben war und es eine Abtreibung aus einer Nebenbeziehung gab, aber trotz des Ernstes der Themen lag etwas grundlegend Falsches in der Luft. Als ich sie noch einmal nach näheren Informationen fragte, wurden die Stellvertreter ganz unruhig und unwillig. Ich habe die Aufstellung daraufhin mit den Worten abgebrochen: „Irgendetwas stimmt hier nicht." Die Stellvertreter atmeten erleichtert auf und waren froh, aus ihren Rollen entlassen zu werden.

Die Klientin war einerseits sehr betroffen, nickte zugleich aber zustimmend. Als ich sie fragte, wieso sie zustimme, sagte sie: „Ich sehe, dass du Recht hast, aber ich weiß nicht warum."

Abends, nach den Aufstellungen, kam sie dann zu mir und fragte, wie es weitergehen könnte mit ihr. Sie sei verzweifelt. Alles, was sie anpacke, ginge schief, irgendetwas sei grundlegend falsch, aber sie wisse nicht mehr weiter. Ihre Not gab mir den Mut zur Offenheit und machte mir klar, dass ich nichts von meiner Wahrnehmung zurückhalten durfte. Also sagte ich ihr, dass ich, wenn sie spreche, immer den Eindruck hätte, „da ist etwas gelogen", ohne dass ich ihr bewusstes Lügen unterstellen würde. Sie weinte und sagte, auch das kenne sie. Immer wieder stoße sie an diesen Punkt, und keiner könne ihr helfen. Da hatte ich plötzlich ein erschreckendes Bild: Sie täuscht nicht, sie *ist in* einer Täuschung. Sie ist ein vertauschtes Kind!

Es kam völlig aus dem Blauen, ich hatte eigentlich nicht den geringsten Anhaltspunkt dafür! Was sollte ich jetzt machen? Eigentlich musste ich es ihr sagen, aber dann hätte ich weiter mit ihr arbeiten müssen. Weil der Seminartag jedoch schon zu Ende war, die anderen Teilnehmer schon auf dem Heimweg waren und ich sie nicht mit einem Schock nach Hause schicken wollte, habe ich mein Bild vorerst für mich behalten, ihr jedoch versprochen, am nächsten Tag noch mal mit ihr zu arbeiten. Ich habe sie gleich als erste Teilnehmerin drangenommen und zunächst einmal gefragt, ob sie daheim oder im Krankenhaus geboren sei und ob es etwas Besonderes gegeben habe. Sie war im Krankenhaus geboren, weiter konnte sie nichts sagen. Dann habe ich sie gebeten, Stellvertreter für sich und die Eltern aufzustellen. Nachdem ich diese zu ihrem Befinden befragt hatte (zwischen Mutter und Kind war „Nebel"), habe ich ohne Kommentar zwei Frauen dazugestellt. In meinem Bild handelte es sich um die andere Mutter und das andere vertauschte Kind, aber das habe ich nicht gesagt. Allen ging es sofort besser, und als ich die Stellvertreterin der Klientin neben die unbekannte Frau stellte und die zweite unbekannte Stellvertreterin neben die Mutter, ging es allen noch besser. Dann habe ich die Aufstellung abgebrochen, weil es mir zwar um einen Hinweis, aber nicht um einen Beweis ging.

Was jetzt tun oder sagen? Ich bin normalerweise nicht ängstlich, aber hier fühlte ich mich schon an einer äußersten Grenze. Einen Moment lang habe ich gezögert, hatte die Idee, erst einmal nichts zu sagen und das Ganze in einem Gespräch unter vier Augen zu besprechen. Aber sobald ich diesen Gedanken gefasst hatte, war mir klar, dass ich dies nicht durfte. Ich hätte Kraft verloren, und auch die Klientin hatte ein Recht, jetzt gleich etwas von mir zu hören. Die Entscheidung war: Entweder ich teile meine Wahrnehmung jetzt mit, ohne Umschweife, oder ich lasse es ganz. Also habe ich ihr gesagt:

„Ich sage dir meine Wahrnehmung, einfach so, wie sie ist. Okay?"

Sie nickte.

„Du bist ein vertauschtes Kind."

Ihre Reaktion? Ein Nicken! Und dann:

„Ich habe tatsächlich schon Nachforschungen darüber angestellt, was damals im Krankenhaus war. Ganz heimlich, keiner weiß davon, aber ich hatte immer das Gefühl, ich gehöre nicht in die Familie. Aber ich habe nichts herausgefunden, es gab keine Akten."

Sie wirkte erleichtert.

Zwei Tage später habe ich noch einmal mit ihr gearbeitet. Ich habe sie vor ihre Eltern (diejenigen, die sie als ihre Eltern kennt) gestellt und sie sagen lassen:

„Ihr seid meine Eltern, die einzigen, die ich habe, und ich bin euer Kind. Das Leben hat uns zusammengebracht, so oder so, und ich nehme es, wie es ist."

Danach konnte die Mutter (sie hatte diesmal eine andere Stellvertreterin gewählt, die ganz unsicher stand und auch wieder das

Kind nur wie durch einen Schleier wahrnehmen konnte) fest stehen, sie konnte das Kind plötzlich klar sehen, und beide konnten einander nehmen.

Ich habe der Teilnehmerin dann noch vorgeschlagen, alles so zu lassen, wie es ist, also nicht mit den Eltern darüber zu reden und auch nicht mehr weiter zu forschen. Einige Monate später teilte sie mir mit, dass ihre Mutter sich kürzlich bei einer Auseinandersetzung zwischen ihr und ihrer Schwester zum ersten Mal an ihre Seite gestellt habe. Auch sonst verhalte sie sich ihr gegenüber inzwischen ganz anders, die Beziehung sei viel entspannter geworden.

Der phänomenologisch arbeitende Berater oder Therapeut scheint ein hohes Risiko einzugehen, denn seine Wahrnehmung ist nie abgesichert, wenn er sie mitteilt. Er überlässt sich nur dem, was plötzlich aufscheint. Das sieht von außen manchmal fast leichtsinnig oder überheblich aus, aber dahinter steckt sehr viel mehr, als es den Anschein hat. Unser persönliches Wissen gibt uns ein Gefühl von Sicherheit. Diese Sicherheit gründet jedoch in der Vergangenheit, deren Erfahrungen wir, im Grunde willkürlich, auf die Gegenwart übertragen. Wir sind dann zwar nicht ganz mit der gegenwärtigen Situation (die ja eine neue und einmalige ist) verbunden, aber wir fühlen uns sicher.

Im Nicht-Wissen hingegen sind wir völlig ausgeliefert. Wir sind in der Gegenwart, dort, wo das Leben gerade spielt. Aber diese Gegenwart ist immer neu, und um ganz mit ihr in Kontakt zu sein, müssen wir die Erfahrungen der Vergangenheit hinter uns lassen. Wir haben keine Sicherheit mehr, nur den Augenblick. Es gibt allerdings ein Kriterium, an dem wir uns orientieren können: an der Wirkung. Man schaut auf das, was ein Wort, eine Bewegung oder eine Handlung auslöst. Das, was sie auslöst, ist die Antwort. Damit ist diese Arbeit in der Tiefe *dialogisch*. Das Familien-Stellen ist *ein Dialog mit der Seele des Klienten*, die sich unmittelbar in der Wirkung äußert.

Zum Beispiel berichtete eine Frau, dass sie Panikattacken habe, seit ihr Sohn (er war 23 Jahre alt) ihr mitgeteilt habe, dass er am nächsten Tag das Haus verlassen und nach Spanien gehen werde und dies dann auch sofort in die Tat umgesetzt habe. Ohne jeden Gedanken fragte ich sie: „Wie war das denn bei dir damals?“ Mit einem Schlag war der geplagte Gesichtsausdruck verschwunden, sie lächelte entspannt in sich hinein und sagte: „Ja, ja, bei mir ...“ Das war noch nicht die Lösung ihres Problems, aber eine gute Spur, der ich genauso gedankenlos weiterfolgte, wie ich diese Frage gestellt hatte. Es wurde eine gute Sitzung, sie war still und entspannt am Ende (und auch noch, als ich sie eine Woche später zufällig wieder sah), und ich hatte mir nicht im Geringsten den Kopf zermartert oder sonst einen Stress gemacht, um ein Problem zu lösen. Ich habe nur darauf geachtet, was ihre Erzählungen *in mir* auslösten, und dies sofort geäußert.

Bei diesem Dialog mit der Seele des Klienten spielen die Stellvertreter eine wichtige, aber nicht die entscheidende Rolle. Da sie vom Klienten kaum etwas wissen und nicht persönlich in sein Schicksal verwickelt sind, kommen sie viel leichter mit den tieferen Seelenkräften in Kontakt als der Klient selbst. So geben sie dem Therapeuten unverzichtbare Hinweise. Aber der Therapeut darf sich nicht in der Weise auf sie verlassen, dass er ihnen innerlich die Verantwortung überträgt. Er muss sich auf *seine eigene Wahrnehmung* verlassen! Diese kann manchmal im Widerspruch zu den Äußerungen oder Bewegungen der Stellvertreter stehen. Wenn er diese andere Wahrnehmung dann äußert – verbal oder durch eine Handlung –, kann er seine Intervention an ihrer Wirkung beobachten und überprüfen.

Zum Beispiel sagen Stellvertreter manchmal, es gehe ihnen gut, und man sieht, dass sie das Weinen unterdrücken oder eine Faust machen oder kaum merklich zittern. Wenn der Therapeut sie dann darauf hinweist, bricht das tiefere Gefühl aus. Wenn er sie ermuntert, ihren Bewegungen zu folgen, muss er ebenfalls genau darauf achten, was dies für Bewegungen sind. Oft sind es Bewegungen, die dem Vermeiden eines tiefen Gefühls oder einer tiefen Seelenbewegung dienen. Manchmal muss der Therapeut die Stellvertreter dann dazu bringen, entgegen diesem Impuls zu handeln. Die Richtigkeit (oder Unangemessenheit) dieser Handlung zeigt sich dann sofort an der Wirkung. Der Therapeut darf also die Führung nie abgeben.

Dennoch ist diese Vorgehensweise dialogisch – es ist ein Dialog zwischen Seele und Seele, bei dem es die Aufgabe des Therapeuten ist, den Zugang zur Seelenebene für alle Beteiligten offen zu halten. Die Antworten in diesem Dialog zeigen sich manchmal in heftigen, erschütternden Bewegungen, anfangs aber zumeist durch ganz kleine Signale, deren Wahrnehmung viel Achtsamkeit erfordert.

Ich habe den Eindruck, dass die phänomenologische Haltung das am schwierigsten zu verstehende und auch das herausforderndste Element des Hellinger'schen Familien-Stellens ist. Manche scheinen zu meinen, phänomenologische Arbeit sei so etwas wie – etwas platt formuliert – solides therapeutisches Fachwissen plus viel Erfahrung plus Vertrauen in die eigene Intuition (das sich wiederum nährt aus Wissen plus Erfahrung) plus möglichst große Offenheit für neue, überraschende Entdeckungen. Das sind alles sehr nützliche Eigenschaften, die jeden guten Therapeuten ausmachen, aber sie haben nichts mit der phänomenologischen Haltung und Methode zu tun.

„Phänomenologisch" ist nicht nur ein schwer auszusprechender, sondern auch ein schwieriger, meist nur Philosophen bekannter Begriff. Wer sich dort ein wenig auskennt, denkt dabei an Heidegger, Husserl oder Hegel, was nicht gerade Appetit darauf macht, sich damit näher zu befassen. Aber jeder weiß, was ein Phänomen ist: eine Erscheinung. In der Alltagssprache meist eine erstaunliche, ungewöhnliche, wenn nicht gar unerklärliche Erscheinung – wie es in Sätzen wie: „Der ist echt ein Phänomen" oder „Das ist ja phänomenal!" zum Ausdruck kommt. Das Phänomenale ist also das, was erscheint (oder aufscheint), und phänomenologische Methode bedeutet beim Familien-Stellen, sich dem auszusetzen, was aufscheint. Das heißt also, dass man nicht auf der Basis eigenen Wissens, mithilfe von Analyse, Diagnose etc. arbeitet, sondern sich vollkommen von dem leiten lässt, was in einer Aufstellung erscheint. Man vertraut der Wirklichkeit, und die Wirklichkeit ist das, was erscheint.

Wissen im Ungewissen

Dieses Vorgehen und das, was dabei zu Tage tritt, erscheint vielen Beobachtern mysteriös oder gar mystisch. So stellte eine Teilnehmerin in einem Kurs folgende Frage:

Teilnehmerin *Ich habe bei der letzten Aufstellung genau gewusst, dass ich jetzt als Stellvertreterin ausgesucht werde. Da scheint etwas sehr Mystisches vorzugehen, kannst du dazu etwas sagen?*

Nelles *Vielleicht ist das gar nicht mystisch!*

Ich habe, durch die Aufstellungen angeregt, viel über Wissen nachgedacht – darüber, was Wissen ist. Das heißt, ich habe mich jetzt nicht hinge-

setzt und versucht, darüber nachzudenken, aber es ist in mir immer wieder als Frage aufgetaucht. Da sind so ein paar Antworten gekommen, die sicher noch vorläufig sind.

Die grundlegende Einsicht für mich ist, dass Wissen nicht etwas ist, was wir als persönlichen Besitz in uns haben. Diese Art von Wissen gibt es zwar auch, aber das ist nicht grundlegend. Sondern mein Bild ist: Wissen ist etwas, was um uns ist!

Ich habe die Lösungen nicht im Kopf, und ihr habt die Lösungen auch nicht im Kopf, sondern das Wissen ist da, das Wissen um die Hintergründe des Problems und das Wissen um die Lösung. Wenn man nicht versucht, dieses Wissen zu packen, sondern sich dem einfach ausliefert, dann kommt man in Verbindung damit. Wenn man versucht, es zu packen, ist es weg.

So betrachtet ist das gar nicht besonders mystisch, dass du plötzlich wusstest: Ich werde jetzt ausgewählt! Das ist dann wie ein Erkennen, das dir von außen zukommt. Und genau so weiß ich manchmal in den Aufstellungen vom einem auf den anderen Moment, was der nächste Schritt ist oder was die Lösung ist. Manchmal weiß ich es auch nicht. Aber manchmal ist es ganz klar, und ich hätte noch eine zehntel Sekunde vorher wie der Ochs vorm Berg dagestanden und keine Ahnung gehabt. Und plötzlich ist es da! Ohne dass ich darüber nachgedacht habe!

Wenn man Wissen auf diese Art betrachtet, dann hat das natürlich großen Einfluss darauf, was Lernen ist! Dann hieße nämlich lernen, mit Wissen in Kontakt zu kommen. Dann ginge es nicht darum, sich möglichst viel Wissen einzuverleiben und dort festzuhalten wie ein Lexikon, sondern dann ginge es darum, durchlässig zu werden, offen zu werden für das Wissen, das ständig um uns herum existiert, wie ein Radioempfänger. Und darauf zu vertrauen, dass in dem Moment, wo wir es brauchen, uns das Wissen zur Verfügung steht, weil es immer da ist.

Wenn man in diese Richtung arbeiten würde, dann wäre alles viel leichter, dann bräuchte man sich nicht anzustrengen. Man muss nur eines haben, man muss den Mut haben, in diese völlig offene und unbekannte Situation zu gehen und sich dem auszusetzen, was dann im Moment kommt.

Eine schöne Erfahrung in der Richtung habe ich in meinem ersten Jahr als Familien-Steller gemacht. Ich mache mir vorher nicht den geringsten Gedanken darüber, was ich sagen werde, wenn ich vor einer Gruppe sitze. Ich fange einfach irgendwo an. Und dann habe ich bei Bremen einmal vor einer Gruppe gesessen, da war auch mit der Organisation einiges nicht gut gelaufen, und ich saß dann da und wollte anfangen und habe gemerkt: Mist! Dir fällt nichts ein!

Da war nichts! Da habe ich dort gesessen und die Leute haben gewartet und mir viel nichts ein. Also habe ich nichts gesagt. Mindestens fünf Minuten lang! Ich habe die Teilnehmer nicht fixiert oder ein heiliges Gesicht gemacht und meditiert oder so etwas – ich habe einfach geschwiegen, weil keine Worte kamen. Ich hatte keinen Stress dabei. Ich war bereit zu warten, bis etwas auftaucht. Dann habe ich gesagt: „Wie ihr merkt, fällt mir nichts ein. Aber Nichts ist nicht einfach Nichts! Nichts ist auch etwas! (...)" Und ohne es zu wollen, war ich über das Nichts am philosophieren. Und bin von dort aus ganz schnell und ohne irgend einen Krampf zum Familien-Stellen gekommen. Denn Nichts spielt eine große Rolle dabei.

Am Ende der Gruppe, nach drei Tagen, haben wir eine Runde gemacht. Da war ein Teilnehmer, der war evangelischer Pfarrer. Der hat gesagt: „Als die Gruppe anfing, und du hast da gesessen und hast nichts gesagt, da habe ich gewusst: Hier bin ich richtig! Ich wünschte, ich würde das auf der Kanzel auch mal bringen." Das hat mir gut getan, dass er das gesagt hat. Da war für mich ganz deutlich: Wenn ich mich dem anvertraue, was da ist, dann ist selbst Nichts *eine gute Antwort und eine gute Aussage!*

Wenn man sich darauf einlässt, dann bekommt man immer wieder solche kleinen Unterstützungen, die einen auf diesem Weg ein bisschen stärken.

Ich knüpfe damit an das an, was ich im ersten Kapitel über Wissen gesagt habe: Alles Wissen, das wir brauchen, ist um uns herum, umgibt uns wie ein unsichtbares, schwingendes Feld. Wir kommen mit diesem Wissen in Kontakt (Resonanz), wenn wir auf unser persönliches Wissen verzichten, wenn wir uns in den Raum des Nicht-Wissens begeben. Das heißt nicht, dass man das persönliche Wissen verleugnen oder unterdrücken müsste. Mit Nicht-Wissen meine ich, dass ich darauf verzichte, eine Situation aus meinem persönlichen Wissen heraus zu beurteilen und dieses Wissen als Leitlinie für mein Handeln zu benutzen. Mit meinem Wissen und meinen Erfahrungen bin ich ohnehin in Resonanz, und wenn es von selbst auftaucht, ist das natürlich in Ordnung, denn auch ich und mein Wissen gehören zum Wissensfeld. Aber es ist etwas anderes, als wenn ich nur aus meinem Wissen und meiner Erfahrung heraus handle. Denn mein Wissen, wie umfangreich es auch immer sein mag, ist gegenüber *dem* Wissen verschwindend gering. Mein Wissen ist zudem immer an die Vergangenheit gebunden. Es ist – im besten Falle – die erinnerte Summe dessen, was ich aus früheren Erfahrungen gelernt habe; im schlechteren Falle das, was ich gelesen habe, ohne es selbst erfahren zu haben. In beiden Fällen kann mir mein Wissen nur sagen, was in der Vergangenheit richtig war. Dies übertrage ich dann auf die Gegenwart. Das heißt, ich reagiere auf eine neue Situation nach einem in der Vergangenheit erprobten Muster. Dies mag in vielen Fällen zu guten Ergebnissen führen, aber es führt nie dazu, etwas Neues zu entdecken. Alles Neue erfordert das Vergessen dessen, was gestern (richtig) war. Deshalb kommen wirklich neue Einsichten nicht beim angestrengten Nachdenken, sondern wenn man das Denken aufgegeben hat.

Man kann dies bei den Stellvertretern im Aufstellungsprozess sehr genau sehen. Sie müssen vom eigenen Wissen, von ihren persönlichen Erfahrungen und Vorstellungen vollkommen absehen. Je weniger sie von der Person wissen, für die sie stehen, umso reiner sind ihre Wahrnehmungen und Bewegungen. Manchmal sage ich ihnen noch nicht einmal, für welche Person sie stehen; manchmal werden sie als „das Geheimnis", das oder der „Unbekannte" oder Ähnliches genommen. Manchmal hören sie aber auch recht viel, wie im eingangs geschilderten versuchten Vergewaltigungsfall, und haben dazu auch tiefe eigene Gefühle und Vorstellungen, haben vielleicht schon Ähnliches erlebt. Dennoch müssen und können sie ganz vom Eigenen absehen. Je mehr man dazu in der Lage ist, umso tiefer wird man von einer Rolle übernommen. Aus meinem eigenen Erleben als Stellvertreter stellt es sich mir dar wie ein Sog oder Strudel, der mich erfasst und dem ich mich willenlos ergebe. Ich könnte mich dagegen wehren, aber nur mit großer Anstrengung (daher fühlen sich Teilnehmer, die sich nicht ganz in diesen Prozess fallen lassen, immer sehr erschöpft nach einem Aufstellungstag, während andere, die vielleicht in ganz schweren Rollen standen und sich ganz darauf eingelassen haben, auch abends noch sehr energiegeladen sind).

Ich wurde einmal für einen autistischen Jungen ausgewählt, und die Aufstellung fand vor einem recht großen Fachpublikum statt. Die Eltern, so hatte ich gehört, waren sehr in Sorge um ihren Sohn, und ich war zunächst etwas desorientiert. „Wie mag sich wohl ein Autist fühlen", ging es mir durch den Kopf, da merkte ich schon, wie sich mein Kopf hob und ich mir die Leute anschauen wollte, und meine Hände machten merkwürdige Bewegungen. Entgegen meiner Vorstellung, dass Autisten in einer abgeschlossenen inneren Welt leben, musste ich ganz vielen Menschen offen in die Augen schauen. Ich schaute so offen, dass es schon peinlich war, aber als ich mich einmal eingelassen hatte, konnte ich kaum noch anders (ich fand die Leute übrigens furchtbar gestresst und wunderte mich, wieso sie so ernst und angestrengt dreinschauten). Zu meinem und aller anderen Erstaunen ging es mir völlig gut. Ja, ich war in einer eigenen Welt, aber ich konnte, auf meine Weise, sehr wohl Kontakt aufnehmen (ich konnte zum Beispiel mein Gesicht verziehen und dabei den Leuten in die Augen schauen und sehen, dass die am liebsten weggeschaut hätten). Dass die anderen mich nicht verstanden, war eher deren als mein Problem. Es machte mich traurig, dass meine Eltern sich Sorgen um mich machten, und der Therapeut machte mich vollkommen nervös. Wenn man mich in Ruhe ließ, war ich ganz glücklich, aber wenn jemand etwas von mir wollte, geriet ich in Panik.

Nach der Aufstellung kam ein Therapeut auf mich zu und fragte, ob ich Erfahrung in der Arbeit mit Autisten hätte. „Überhaupt nicht", antwortete ich ihm, „ich habe noch nie mit einem Autisten zu tun gehabt". Er selbst hatte viel mit Autisten gearbeitet und war erstaunt, weil ich bis in kleinste Bewegungen hinein vollkommen autistisch gewesen sei in der Rolle.

In den Stellvertreterrollen begegnet uns eine eigentümliche Mischung aus Passivität und Aktivität. Je weniger man will, je weniger man macht, je mehr man sich dem Wissensfeld überlässt, umso klarer (und scheinbar aktiver) bewegt man sich. Diese Aktivität ist aber keine eigene, man tut nichts aus eigenem Antrieb, eigenem Wollen heraus, sondern es geschieht etwas mit einem, man „wird getan". Das Merkwürdige ist, dass dieses Geschehen umso klarer der Wirklichkeit entspricht und dass die Aktivität umso leichter ist, je weniger man selbst dazu tut.

Der Verzicht auf eigenes Wissen und eigenes Wollen ist nicht nur wichtig für den Stellvertreterprozess, sondern auch für den Therapeuten. So seltsam es klingen mag: Auch er muss sein Wissen hinter sich lassen, auch er muss sich der Führung durch das Feld überlassen, um zu tiefen Lösungen zu kommen.

Das heißt nicht, dass das Denken und das persönliche Wissen überflüssig sind. Denn ohne Denken und Lernen bleibt der Geist stumpf und träge. Er ist ein Instrument, das geschult und gepflegt werden will. Dabei geht es aber in erster Linie um das Erlernen von Fertigkeiten, nicht um das Bunkern von Wissen. Die Fertigkeit des Hörens, Wahrnehmens, Lesens, Rechnens, Schreibens, um nur einige Beispiele zu nehmen, fällt einem nicht in den Schoß; auch wer Talent hat, muss sie üben und praktizieren. Aber Fertigkeiten sind nicht Wissen. Das Wissen existiert unabhängig davon, die Fertigkeiten sind die Instrumente, mit denen wir es sichtbar (hörbar, fühlbar ...) machen können. Vielleicht so ähnlich, wie ein Fernsehapparat das Instrument ist, mit dem die Bilder, die als Feld ständig vorhanden sind, sichtbar gemacht werden, oder wie ein Musiker die Musik, die immer (unhörbar) da ist, hörbar macht. Den Verstand muss man also trainieren und benutzen *und* abstellen können. Erinnern und vergessen sind gleichermaßen wichtig. Zum Familien-Stellen ist es wichtig, die Ordnungen, Schritte und Regeln zu wissen, die bisher gefunden wurden, und sie bei der Arbeit ganz zu vergessen. Aus dem Vergessen tauchen sie dann auf, wenn sie gebraucht werden, und es taucht etwas Neues und vielleicht ganz anderes auf, wenn etwas Neues gebraucht wird.

Das ist gegenüber unserem herkömmlichen Wissensverständnis und den anderen psychologischen und therapeutischen Schulen ein vollkommen verschiedener Ansatz. Es ist auch etwas anderes als das Vertrauen in die eigene Intuition – es ist der *Verzicht auf alles Eigene*, einschließlich der Intuition. Intuition ist eine persönliche Ressource oder Fähigkeit, von der der eine mehr, der andere weniger hat. Sie wird in jeder Art von Therapie gebraucht.

Das phänomenologische Vorgehen jedoch ist eine andere, ganz eigenständige Methode – also nicht nur eine Ergänzung herkömmlicher Methoden durch möglichst viel Intuition und Offenheit für Neues, sondern eine andere Haltung, ein anderer Ausgangspunkt, eine andere Sichtweise, ein anderes Vorgehen. Da es eine eigenständige Methode ist, kann sie jeder lernen und praktizieren (allerdings kann man es nicht theoretisch lernen), er braucht dazu zum Beispiel nicht über eine ungewöhnliche intuitive Gabe oder über ungewöhnlich viel Erfahrung zu verfügen. So wie jeder Seminarteilnehmer mit etwas Übung in der Lage ist, sich in der Rolle eines Stellvertreters vollkommen dem Wissensfeld zu überlassen, so kann dies auch jeder Seminarleiter – sofern er den Mut hat, früher Gelerntes und tiefe Überzeugungen hinter sich zu lassen.

Der phänomenologische Therapeut macht im Grunde das Gleiche wie ein Stellvertreter in einer Aufstellung: Er sieht ganz vom Eigenen ab und lässt sich in das Feld hineinziehen und folgt den inneren Bewegungen, die sich ihm von dort her zeigen. Im Unterschied zum Stellvertreter ist er jedoch nicht in Resonanz mit einer einzelnen Person bzw. dessen Seele, sondern mit dem ganzen Feld, mit der Familienseele oder der diese übergreifenden großen Seele.

Damit dies nicht zu abstrakt wird, erzähle ich einfach, wie ich arbeite.

Das Erste ist, dass ich mich nicht vorbereite. In keiner Weise, also auch nicht, indem ich vor einem Seminar meditiere, um in meine „leere Mitte" zu gelangen. Ich mache keine Anamnesen, weiß nichts über die Teilnehmer und deren Probleme und bereite mich auch nicht durch fachliche Lektüren oder Ähnliches vor. Und ich überlege mir auch nicht, was ich den Leuten zur Einführung sage. Mein Bild ist, dass bei einer Aufstellung die Teilnehmer und der Therapeut durch etwas Drittes – das Wissensfeld, die große Seele, die Wirklichkeit oder wie immer man es nennen mag – geführt werden. Beide! Sich vorbereiten würde bedeuten, dass ich den Teilnehmern etwas über die Führung durch die große Seele erzähle und selbst daran zweifle – Vertrauen ist gut, Vorbereitung ist besser. Oder: Phänomenologie ist gut und schön, solides Wissen ist sicherer. Wenn der Therapeut in dieser Haltung ist, macht auch die Seele des Klienten an diesem Punkt halt. Das sagt zwar nichts über die Effektivität dieser Arbeit aus, sie kann hervorragend sein und zu sehr guten Lösungen führen, aber dabei ist es der *Therapeut*, der arbeitet, und das ist ein anderer Prozess als der phänomenologische.

Also: Unvorbereitet, wie ich bin, betrete ich den Gruppenraum (das ist keine Sache der Erfahrung, ich habe es auch bei meinem ersten Seminar nicht anders gemacht, und es ist damals genauso gut gegangen wie beim hundertsten). Nach einer kurzen Sammlung von ein, zwei Minuten beginne ich zu sprechen. Ich weiß nicht, was ich sagen werde. Ein Satz entsteht aus dem vorherigen. Manchmal rede ich fünf Minuten, manchmal über dreißig. Dabei geschehen merkwürdige Dinge, die man vielleicht auf folgenden Nenner bringen kann: Wenn ich auf diese Weise spreche, antworte ich auf Fragen, Themen, Situationen, die unausgesprochen im Feld der Gruppe schwingen. Ich spreche nicht aus mir heraus, sondern aus der Gruppenseele heraus.

Oft nehme ich in groben Zügen die Themen des Seminars vorweg, also das, was sich tatsächlich in den nächsten drei Tagen ereignen wird. Ohne im Geringsten zu wissen, was in diesem Seminar auf mich zukommt, spreche ich darüber – wenn ich also in meinem Vortrag das Thema Krieg anschneide, spielen im Seminar Kriegsereignisse eine besondere Rolle, wenn ich über Familiengeheimnisse spreche, taucht dieses Thema auf, wenn ich über Inzest spreche, gibt es viele Aufstellungen, in denen Inzest im Mittelpunkt steht. Ich habe keine Vorahnungen, habe weder das Interesse noch die Gabe, in die Zukunft schauen zu können – es passiert einfach, wenn ich ohne Plan spreche.

Kürzlich habe ich als Beispiel für die manchmal verblüffend exakte Wahrnehmung der Stellvertreter erwähnt, dass es vorkommen kann, dass ein Stellvertreter berichtet, sein Arm fühle sich taub an, und dass sich dann nachher herausstellt, dass der Großvater, den dieser Stellvertreter repräsentiert, im Krieg seinen Arm verloren hat. Am übernächsten Tag meinte eine Teilnehmerin, als sie neben mir saß, um aufzustellen, dass ich, als ich dieses Beispiel erzählt habe, sie ständig angeschaut hätte. Da sei ihr eine Gänsehaut über den Rücken gelaufen, denn ihr Großvater habe im Krieg einen Arm verloren.

Solche Dinge waren anfangs erschreckend für mich, aber allmählich gewöhne ich mich daran. Es bedeutet für mich nicht, dass ich übersinnliche Fähigkeiten habe – ich bin übrigens ganz sicher, dass fast jeder solche Erfahrungen schon mehr oder weniger oft gemacht hat –, sondern dass wir unsere Sicht von Wissen und wohl auch unsere Sicht von Zeit ändern müssen. Wenn ich, ohne es zu wissen, über Vorgänge spreche, die sich in den folgenden Tagen erst zeigen werden, dann heißt das, dass alles schon da ist. Wie könnte ich sonst darüber reden? Es muss schon da sein! Die Zukunft ist gar keine Zukunft, es ist alles schon da, aber es ist da in der Form des Unsichtbaren und Unbekannten.

Dies spielt für das Familien-Stellen eine große Rolle. Bert Hellinger spricht immer wieder darüber, dass dabei etwas „ans Licht" kommt. Er meint damit nicht das Aufdecken von Familiengeheimnissen oder unbewussten Persönlichkeitsanteilen. Das geschieht manchmal auch, ist aber nebensächlich. Er meint genau dies: dass etwas aus einer anderen Seinssphäre, die er auch „das Verborgene" nennt, in die uns bekannte und zugängliche Seinssphäre – das Sichtbare – gebracht wird. In diesem Sinne betont er auch, dass er das

Familien-Stellen nicht „er-funden", sondern „ge-funden" habe, was nur bedeuten kann, dass es schon existent war.

Zurück zu meiner Vorgehensweise. Nach meiner Einführung kommen die Teilnehmer zu Wort, sie stellen sich vor und benennen ihr Anliegen, das sie in diese Gruppe geführt hat. Ich bleibe dabei völlig passiv. Das heißt vor allem, ich mache mir kein Bild – kein Bild vom Menschen, kein Bild von seiner Persönlichkeit. Ich analysiere ihn nicht, versuche nicht, ihn zu erfassen, einzuordnen. Manchmal taucht von selbst ein Bild auf, dann spreche ich es aus und schaue auf die Wirkung, aber ich verschwende nicht einen Gedanken daran, den Klienten oder sein Problem oder gar seine Charakterstruktur zu ergründen. Auch später nicht, wenn jemand neben mir sitzt, um aufzustellen. Manchmal schaue ich jemanden lange an, aber ich bin dabei ganz passiv. In Wirklichkeit lasse ich mich anschauen. Das merken die Teilnehmer übrigens sehr schnell. Viele sind einen langen, wortlosen Augenkontakt nicht gewohnt (die therapieerfahrenen Teilnehmer sind bei mir in der Minderheit) und scheuen anfangs davor zurück. Sobald sie aber merken, dass sie dabei nicht analysiert werden, dass ich nicht mit meinem Blick in sie eindringe, sondern sie einlade, mit ihrem Blick und ihrer Seele zu mir zu kommen, werden sie ganz ruhig. Das schafft dann den Raum, sich gemeinsam etwas Größerem anzuvertrauen.

Sobald dies klar ist, dass wir beide uns hier gemeinsam einer uns umfassenden Wirklichkeit stellen und uns von ihr leiten lassen, habe ich auch nicht mehr die Verantwortung für das Resultat. Ich habe weiterhin die Verantwortung für meine Arbeit, das ist klar, aber nicht mehr für das Resultat. Auch der Klient hat diese Verantwortung nicht. Das ist wichtig, denn in vielen Therapien wird die Verantwortung für enttäuschende Ergebnisse zwischen Therapeut und Klient hin und her geschoben – wenn es nicht klappt, muss einer von beiden schuld sein. Dabei unterliegen beide der Allmachtsfantasie, sie hätten das Leben in der Hand. Beim Familien-Stellen (mit Blick auf die empirische Wirklichkeit muss ich wohl sagen: beim *phänomenologischen* Familien-Stellen, denn viele Aufsteller arbeiten nicht auf diese Weise) gibt es diese Verantwortung und diese Schuld nicht, denn beide unterwerfen sich der Wirklichkeit, wie sie sich zeigt. Was dem herkömmlichen Blick vielleicht verantwortungslos erscheint, ist tatsächlich der Verzicht auf eine weit verbreitete, aber durch nichts begründete Anmaßung: dass das Leben, der Tod, das Schicksal, Krankheit und Heilung oder auch nur der Therapieprozess in unsere Hand gegeben wären.

Wenn man diese Anmaßung aufgibt und sich der Wirklichkeit unterwirft, ist man aber nicht etwa kraftlos, sondern es tritt das genaue Gegenteil ein: Sowohl der Berater als auch der Klient bekommen eine außergewöhnliche Kraft. Indem sie sich nicht mehr gegen die Wirklichkeit stellen (und sich in einem aussichtslosen Kampf an ihr abarbeiten), wird ihnen deren ganze Kraft zuteil. Und es wird ganz leicht. Da ich mir nicht mehr eine Verantwortung aufbürde, die mir nicht zukommt und die mich auf die Dauer erdrücken würde (genau so, wie wir es bei der übernommenen Last in den Aufstellungen sehen), wird alles ganz leicht. Daher kann Bert Hellinger sagen: „Die Mitte fühlt sich leicht an."

Zu dieser Leichtigkeit trägt auch bei, dass man, wenn man phänomenologisch arbeitet, alles gleich wieder vergisst. Wenn ich mir nicht überlege, was ich sage, wenn die Worte mir sozusagen aus dem Feld zugetragen werden, verschwinden sie genauso leicht und selbstverständlich wieder, wie sie gekommen sind. Sie kommen nicht aus mir, ich bin nur ein Durchgang, und daher haften sie auch nicht an mir. Und wenn ich das, was mir die Teilnehmer sagen, nicht, wie es üblich ist, sogleich, während ich noch zuhöre, analysiere (später natürlich auch nicht), sondern schlicht auf mich wirken lasse und dabei darauf achte, welcher Satz, welches Wort, welche Betonung oder Bewegung eine Resonanz in mir auslöst, dann haften auch die Worte der Teilnehmer nicht an mir. Kaum ausgesprochen, habe ich sie schon vergessen.

Das verlangt einen gewissen Mut, den Verzicht auf Sicherheit und Kontrolle. Ich sage sogar den Teilnehmern meiner Fortbildung, sie sollen nicht mitschreiben, was ich sage, und dass es nichts macht, wenn sie es vergessen. Ich habe auch nichts gelernt im üblichen Sinne: keine Lösungssätze, keine Ordnungen, keine Regeln. Auch nicht Hellingers Theorie über die Funktionsweise des Gewissens. Ich lese das, nehme es auf, aber passiv, wie ein Schwamm. Nicht aktiv, nicht, indem ich es zu fassen und auf meine Festplatte zu brennen versuche.

Bei einem lebendigen Lernprozess geht das Wissen den Weg des Wassers: Es regnet vom Himmel herab auf die Erde (und ist in diesem Zustand energetisch leer, kraftlos und verschmutzt), sickert ein, durchläuft viele Erdschichten, wird dabei gereinigt und nimmt zugleich Energie und Kraft (Mineralien) auf. Schließlich sammelt es sich und tritt als reines, lebendiges Quellwasser wieder an die Oberfläche, mit einer jeweils einzigartigen Zusammensetzung und einem einzigartigen Geschmack.

Wenn ich also sage, dass ich die Dinge vergesse, dann heißt das nicht, dass sie weg sind. Sie sind nur ins Vergessen gesunken, und ich kann darauf vertrauen, dass alles, was davon wichtig sein sollte, dann wieder auftaucht, wenn es gebraucht wird. Taucht es nicht auf, wird es nicht gebraucht. Ein Effekt dieses Vergessens ist, dass ich in der Gegenwart bleibe. Ich verbrauche keine Energie, um Vergangenes festzuhalten, wach zu halten. Es darf gewissermaßen schlafen gehen. Dadurch kann ich dem Nächsten wacher begegnen.

Das gilt für den gesamten Prozess, einschließlich der Aufstellung. Wenn ein Teilnehmer in einer der Gesprächsrunden, die ich jeden Tag mache, eine nachträgliche Frage zu seiner Aufstellung stellt, habe ich diese meist längst vergessen. Wenn es wichtig ist, taucht das Bild wieder auf. Ich bemühe mich aber nicht darum, es festzuhalten. Das gilt auch für abgebrochene Aufstellungen. Früher sind sie mir oft noch nachgehangen: Habe ich etwas übersehen? Lag es an mir, dass ich abbrechen musste? Kann ich vielleicht noch etwas für den Teilnehmer tun? Ohne dass ich es wollte – denn mir war klar: Je mehr Raum ich solchen Überlegungen gebe, umso weniger freie Aufmerksamkeit habe ich für das Neue –, haben mich solche Fragen zeitweise weiter beschäftigt. Aber auch das hat sich gelegt, auch das lasse und vergesse ich. Und die Folge dieses Lassens und Vergessens ist, dass sich die Teilnehmer, die noch etwas brauchen, von sich aus zur rechten Zeit melden – und was notwendig ist, geschieht dann ganz leicht –, oder der Abbruch tut seine Wirkung von selbst.

Handeln als Nichttun – Lernen als Tun

Manchmal werde ich gefragt, wie man diese Arbeit lernen kann. Ich sehe nur einen Weg: indem man sie tut. Man kann sie sich weder theoretisch aneignen noch kann man sie üben (im Sinne von ausprobieren). Denn es ist gerade der Ernst der Situation, das Sich-Aussetzen der Wirklichkeit, das die Kraft und die Lösungen hervorbringt. Dies setzt die Bereitschaft voraus, sich von der Wirklichkeit berühren, führen und wandeln zu lassen, sich ihr gänzlich zur Verfügung zu stellen. Das Lernen des Familien-Stellens ist daher mehr ein innerer Wandlungsprozess als eine Aneignung von Fähigkeiten.

Der phänomenologische Ansatz ist nichts Übersinnliches, sondern etwas ganz Einfaches. Es mag da gewisse Begabungen geben, aber im Grunde kann dies jeder. Das heißt nicht, dass jeder als Familien-Steller arbeiten kann. Man muss sich schon dazu berufen fühlen, sich diesem Prozess ganz auszusetzen, und man muss auch die Grunddynamiken verstehen und therapeutische Fertigkeiten besitzen. Aber die Wirklichkeit leitet uns viel öfter, als wir uns im Allgemeinen eingestehen.

In einer Runde am Ende eines sehr bewegenden Kurses tauchten folgende Fragen auf:

TEILNEHMERIN *Wer oder was stützt dich? Durch wen stützt du dich? Woher hast du diese absolute Sicherheit?*
WEITERER TEILNEHMER *Wie arbeitest du?*

NELLES *Ich beantworte beide Fragen zusammen.*

Ich habe immer, glaube ich, ohne das zu wissen, die Fähigkeit gehabt, in dem Moment, wo eine Situation von mir erfordert, dass ich da bin, dann da zu sein. Und als ich Mitte der achtziger Jahre angefangen habe, therapeutisch zu arbeiten – da war ich noch an der Uni, ich wollte gar nicht Therapeut werden –, da hatte ich ein Schlüsselerlebnis. Ich führte ein Blockseminar durch, in dem es um Themen von Krieg und Frieden und Abrüstung ging und wo unter anderem ein Text von Peter Sloterdijk behandelt wurde, in dem dieser sagte, die Atombombe sei die exakte Verkörperung unseres Wesens und sie erfordere von uns keinen Kampf, sondern Selbsterfahrung und Meditation. Da die Studenten kaum wussten – wir schrieben das Jahr 1985 –, was Meditation ist, habe ich mit ihnen eine aktive Meditation gemacht – für diejenigen, die sich auskennen: die Kundalini Meditation und später auch noch die Dynamische Meditation von Osho –, und da sind heftige emotionale Prozesse in Bewegung gekommen. Weil die Studenten das so toll fanden, haben wir danach noch einige Übungen aus dem Bereich der Bioenergetik gemacht. Ich hatte damit einige Erfahrung und gerade, allerdings mehr aus Selbsterfahrungsgründen, eine Fortbildung hinter mir. Und dann habe ich gemerkt, ich war auf einmal vollkommen präsent in dem, was da passierte – und es passierte eine ganze Menge –, und habe alles richtig gemacht. Ich hatte das Gefühl, in dem Moment, wo ich gefordert bin, kann ich das! Das hat mir damals den Anstoß gegeben, in diese Richtung zu gehen.

Ich habe das dann auch gemacht, hatte dann aber immer wieder gewisse Zweifel – es war nicht wirklich fest verankert. Vor allen Dingen, weil ich meinte, man müsste nur spontan sein, und einen Gegensatz zwischen dem spontanen Arbeiten aus dem Augenblick heraus und dem Arbeiten mit einer bestimmten Struktur für mich konstruiert habe. Ich dachte, eine Struktur stört das.

Als ich dann zehn Jahre später auf die Arbeit von Bert Hellinger gestoßen bin, da habe ich sofort gemerkt: Er hat beides! Er hat einen festen Rahmen bei den Aufstellungen, eine ganz klare Struktur, und er arbeitet vollkommen aus dem Augenblick heraus. Hellinger hat das „phänomenologische Vorgehensweise" genannt. Da habe ich sofort gemerkt, das passt für mich. Ich habe das dann besser verstanden, was ich bis dahin schon als Potenzial in mir gespürt habe. Und es hat mir eine Sicherheit gegeben, dass da einer ist, der macht das genauso; der steht da auf der Bühne und macht das so, und er steht zu seinen Irrtümern und zu allem, was er macht.

Er stellt sich nicht hin und sagt: „Ich bin erleuchtet, und erst wenn man so weit ist, darf man das", sondern er stellt sich hin und sagt: „Ich bin ein Mensch, und ich mache das." Das hat mir den Mut gegeben, zu sagen: „Ich bin auch ein Mensch, und ich mache das auch." Natürlich braucht man auch therapeutische Erfahrung, die hatte ich auch, aber das Wesentliche war das Vertrauen, dass mir in der Situation alles gegeben wird, was ich brauche. In diesem Sinne hatte ich von vornherein das Gefühl: Ich kann das!

Was mich dann trägt, diese Sicherheit, ist die Bereitschaft, immer meiner Wahrnehmung zu folgen, auch auf das Risiko hin, dass sie daneben liegt, dass sie falsch ist. Auch auf das Risiko hin, dass ich jemandem wehtue, dass jemand böse wird oder dass ich einen Fehler mache. Ich schaue aber immer gleich auf die Wirkung dessen, was ich sage. Und ich sehe eigentlich immer an der Wirkung: Ist jetzt eine Korrektur fällig? Es ist auch ein experimentelles Vorgehen. Es ist immer offen für Änderungen – genau wie die Aufstellungen selbst. Du machst eine Umstellung und schaust: Was passiert jetzt?

TEILNEHMERIN *Was machst du mit einem Fehler, wenn du sagst: Ich kann auch Fehler machen?*

NELLES *Nehmen wir zum Beispiel die Aufstellung gestern, wo der Mann gestorben war und die Frau sich neben ihn auf den Boden gelegt hatte. Da kam mir eigentlich sofort der Satz, dass der Mann ihr sagen sollte: „Ich habe es für dich getan." Das war mir aber zu heiß! Da hat mich für eine kurze Zeit der Mut verlasse und ich bin nicht so vorgegangen, wie ich es eigentlich hätte tun sollen. Also habe ich zu ihm gesagt, er solle ihr sagen: „Ich habe Platz gemacht." Das hat er dann gesagt, und man konnte sehen, dass da keine Kraft dahinter war. Jeder konnte das wahrnehmen, und der Stellvertreter hat es ja dann auch bestätigt. Das war die Kontrolle über die Wirkung. Da wusste ich: Jetzt musst du ihn doch den eigentlichen Satz sagen lassen, und der hat vollkommen gepasst.*

Das ist also eigentlich ein Beispiel, wo ich nicht so ganz phänomenologisch gearbeitet habe, weil ich gekniffen habe, weil ich mich mit meinen Gedanken eingemischt habe. Auch das kann man an der Wirkung sehen und korrigieren. Wenn man so etwas aber dauernd macht, dann wird die Arbeit kraftlos, dann wird das ein Rumprobieren. So kommt man zwar auch zu Lösungen, aber die sind längst nicht so tief und kraftvoll. Und für den Therapeuten ist es dann anstrengend.

Umgekehrt, also wenn man das ganze Wagnis eingeht, kann man sich genauso an der Wirkung überprüfen. Man sieht dann, ob es stimmt oder nicht. Meistens weiß man es schon in dem Moment, wo man etwas ausspricht – leider allerdings erst dann, nicht eine Sekunde vorher; man muss es also sagen oder tun, um es zu wissen; wenn man es auch dann noch nicht weiß, kann man es an der Wirkung sehen. Man muss natürlich das Risiko eingehen, dass jemand sagt: „Wie kann der so etwas machen?" oder: „Wie kann man in so einer Situation so etwas sagen?" Dir zum Beispiel habe ich gestern gesagt: „Ich arbeite nicht mit dir, du führst mich auf eine falsche Fährte." Das war meine Wahrnehmung, und es war riskant, sie auszusprechen, denn ich hätte dir Unrecht tun und du hättest mir sehr böse sein können. Es hat aber geholfen! Jetzt bin ich froh darüber, sonst hättest du heute nicht diese Aufstellung gemacht, das ging ja gestern in eine ganz andere Richtung. Also, da sind wir beide geführt worden.

Eigentlich mache ich nichts! Das ist das Einfachste! Und je mehr ich mich traue, nichts zu machen, alles zu vergessen und nur zu schauen, was in dem Moment passiert – umso leichter geht die Arbeit.

Manche meinen, die phänomenologische Vorgehensweise sei etwas sehr Schweres und Gewagtes, das man erst nach jahrzehntelanger Erfahrung – oder gar nur, wenn man Hellinger heißt – anwenden könne oder dürfe. Kleinere Geister und Anfänger sollten doch lieber bei ihrem erlernten Wissen bleiben, da machten sie weniger falsch. Diese Haltung ist auch unter erfahrenen Aufstellern weit verbreitet. Wer so denkt, traut nicht dem Wissensfeld und hat innerlich nicht akzeptiert, dass das wirkliche, das lebendige Wissen *um* uns ist. Selbstverständlich ist Erfahrung wichtig, selbstverständlich schärft sich die Wahrnehmung mit der Übung, selbstverständlich entgehen einem Anfänger viele Dinge, die ein Hellinger sofort sieht. Wenn wir auf die Stellvertreter schauen, können wir auch feststellen, dass viele anfangs unsicher sind und sich nicht so recht trauen, mit den Gefühlen und Bewegungen zu gehen, die da auftauchen, und dass man dieses Sich-dem-Feld-Überlassen lernen kann. Das gilt ebenso für die Aufsteller, die Therapeuten. Aber wenn ich die Beobachtungen über das Wissen ernst nehme, darf und kann ich mich auch als Anfänger darauf verlassen, dass es mich trägt, je mehr ich bereit bin, mich tragen zu lassen.

Wir sind von Wissen umgeben, wir werden vom Wissen getragen, wir schwimmen darin. Wir werden aber erst dann davon getragen, wenn wir aufhören, es uns zum Besitz machen zu wollen, es festhalten zu wollen. Und wenn du das erkennst, dann ist es eine große Befreiung! Dann brauchst du nichts zu lernen! Du brauchst nichts zu wissen!

Also, die Voraussetzung dafür, dass du von diesem uns umgebenden Wissen getragen wirst, ist, dass du auf das eigene Wissen verzichtest.

Was du brauchst, ist: Du brauchst den Mut, dich in dieses Nicht-Wissen hineinzubegeben. In diese Leere – was zuerst Angst macht. Dann brauchst du nur da hineinzugehen, dann wirst du getragen davon. Und du darfst natürlich auch nichts Spezielles wollen! Du musst darauf vertrauen, dass das, wohin es dich trägt, der richtige Ort ist. Wenn man bei Aufstellungen oft dabei ist, kann man das erfahren, man sieht das, und ganz allmählich lernt man ein bisschen davon!

Therapie im Dienst der Wirklichkeit

Psychologie und Psychotherapie denken und arbeiten üblicherweise vom Einzelnen aus. Richtschnur des Handelns und Blickpunkt bei der Analyse ist der einzelne Mensch mit seinen Störungen, Problemen, Bedürfnissen und Wünschen. Um ihn herum, so die Betrachtung, gibt es eine Umwelt – bestehend aus seiner Familie und der

Gesellschaft –, die seine Entwicklung entweder fördert oder behindert, und eine mit dieser Umwelt verknüpfte Geschichte, die ihn geprägt hat. Dort, wo diese Prägung zu Störungen oder Problemen geführt hat, kommt die Therapie zum Einsatz, um sie zu beheben. Der Therapeut steht sozusagen neben dem Klienten und schaut von dort, was im Interesse des Klienten, im Sinne seines Bedürfnisses nach Heilung oder seiner Wünsche an ein gelungenes Leben, zu tun ist. Die Familie, die Kindheit oder schicksalhafte Ereignisse kommen von dort aus als „Umwelt" in den Blick, die es psychologisch zu be- oder verarbeiten gilt. Der Therapeut steht dabei im Dienst des Einzelnen.

Bert Hellinger – und damit das phänomenologisch-systemische Familien-Stellen – hat einen ganz anderen Standort und Blickwinkel und arbeitet von dort aus auch in eine andere Richtung. Er geht vom Ganzen aus, das er mit Begriffen wie „Große Seele" oder „die Wirklichkeit" vage umschreibt. Der Einzelne mit seinen Wünschen und Problemen ist nicht sein Maßstab. Wenn er sagt: „Ich schaue auf deine Seele" oder „Ich schaue auf das, was dich und mich führt" oder „Ich bin in den Dienst genommen", dann steht er an einem völlig anderen Platz als der „normale" Psychotherapeut. Er steht im Ganzen und sieht den Einzelnen als Teil des Ganzen – und zwar nicht als abgetrennten Teil, der dem Ganzen leidend oder fordernd gegenübersteht, sondern als integralen Teil. Und seine Arbeit stellt er in den Dienst des Ganzen, nicht in den des Einzelnen.

Das bedeutet aber weder eine Missachtung des jeweiligen Klienten noch seines Anliegens. Wenn ich mich selbst als eingebunden erlebe, kann ich auch den Klienten so sehen. Ich sehe ihn dann nicht als isolierte Person, die allein in einer sie umgebenden „Umwelt" steht, mit der sie zwar durch viele Fäden verbunden, von der sie aber dennoch wesentlich getrennt ist, sondern als nicht abtrennbaren Teil des Ganzen (das ist das, was Ken Wilber (1996) „Holon" nennt). Man muss allerdings sehr darauf achten, dass man den Klienten „mitnimmt", dass man sich nicht über seine Person und sein Anliegen hinwegsetzt, weil man sich etwas Größerem verpflichtet fühlt. Der Therapeut oder Berater, der so arbeitet, ist so etwas wie eine Brücke zwischen dem Einzelnen und seinem isoliert gesehenen Problem und seiner Seele (oder manchmal auch der „Großen Seele"), in die er eingebunden ist. Dazu muss der Therapeut mit *beidem* verbunden sein – das ist die Kunst. Nur dann kann der Klient sich nämlich persönlich gesehen und zugleich als eingebunden in etwas Größeres erfahren. Der Therapeut muss an dem anknüpfen, wo der Klient sich innerlich befindet – und das ist in der Regel das Gefühl und der Standpunkt der Vereinzelung: Hier stehe ich mit meinem Problem, und dort steht die Welt, die mir das Problem beschert hat.

Das ist nämlich die moderne Weltsicht: Wir sind wesentlich getrennt. Wir sehen die Welt als *Um*welt. Wir sind – das Ich ist – der Mittelpunkt und der Ausgangspunkt allen Denkens, Fühlens und Handelns, die Welt, unsere Kindheit, unsere Eltern, unsere Familie sind das Drumherum. So denken und fühlen wir, und daher ist auch das Individuum die Richtschnur der Therapie. Die phänomenologische Haltung beruht demgegenüber auf der Beobachtung, dass wir alle eingebunden sind. Um sie klarer zu pointieren – aber auch, weil beide Ansätze innerhalb der Aufstellerszene miteinander konkurrieren oder miteinander vermischt werden –, stelle ich sie in groben Zügen der wissenschaftlichen Grundhaltung gegenüber.

Wenn die Wissenschaft sich einem zu erklärenden Phänomen gegenübersieht, betrachtet sie es von außen. Sie umstellt es gewissermaßen, um es von allen Seiten analysieren zu können. Das heißt, die Wissenschaft ist das Umfassende, das Größere – egal, ob sie eine Ameise, einen Atomkern, einen Menschen oder das Universum untersucht. Selbst gegenüber der unermesslichen Weite des Universums stellt sich die Wissenschaft (obwohl sie nur eine Erfindung kleiner Menschlein ist) als das Umfassende. Diese Grundstellung ist der wissenschaftlichen Betrachtung immanent, sie ist nicht änderbar, ohne die Wissenschaft zu verlassen. Sie ist auch nicht auf die Wissenschaft beschränkt, sondern ist die Grundstellung des modernen Menschentums zur Welt, genauer gesagt die Grundstellung der christlich-abendländischen Kultur, die in der Wissenschaft gipfelt (unabhängig von der religiösen Einstellung der Wissenschaftler). Sie ist die – zunächst – uns allen gemeinsame Haltung zur Welt.

Der phänomenologische Psychologe und Philosoph Wolfgang Giegerich nennt diese Haltung die „Arena-Grundstellung" oder auch die „Umzingelung des Seins" (1988, S. 122 ff.). Wie die Zuschauer in einer Arena, wo das Publikum im Kreis sitzt und die Blicke von außen nach innen gehen, schaut der moderne Mensch auf die Welt. Und genauso schaut auch der wissenschaftliche Psychotherapeut auf den Probanden oder den Klienten und sein Problem. Und so würde auch eine wissenschaftlich ausgerichtete Aufstellungsarbeit auf die Familie bzw. die Konstellation und auf die Seele des Klienten schauen. Bert Hellinger wird jedoch nicht müde zu betonen, dass wir unsere Seele weder *in* uns noch die Seele eines Klienten *vor* uns haben, sondern das wir *in* einer Seele *sind;* dass die Seele etwas ist, was *uns* umfasst. Sie ist sowohl in uns als auch um uns herum – ähnlich wie das Wissen.

Wenn wir dies ernst nehmen, dann bedeutet dies aber, dass wir uns der Seele gegenüber nicht so verhalten können, als seien wir außerhalb von ihr, als könnten wir sie „um-fassen" und „er-fassen". Wir können uns nur *von ihr* ergreifen lassen, denn, um einen beim Familien-Stellen häufig benutzten Satz einmal in einem etwas anderen Zusammenhang zu verwenden: Sie ist die Große, wir sind die Kleinen! Das ist das Eigentliche, um das es beim Kontakt zwischen Therapeut und Klient vor einer Aufstellung geht: sich gemeinsam der uns umfassenden Wirklichkeit hinzugeben. Und dabei muss der Therapeut vorangehen.

Seine Haltung zur Wirklichkeit ist also keine aggressive (wie die wissenschaftliche), keine durchbohrende, ergreifen oder hinter die Kulissen schauen wollende, sondern eine demütige, eine, die die Wirklichkeit als lebendiges Gegenüber nimmt, von dem sie sich belehren lässt. Und die Wirklichkeit ist das, was erscheint, nicht mehr und nicht weniger. Die phänomenologische Haltung setzt sich dem Blick und dem Zugriff der Phänomene aus. Anstatt hinter die Kulissen zu schauen, das Phänomen zu hinterfragen, nimmt sie es als Wirklichkeit, als die Art und Weise, wie sie sich mir jetzt gerade zeigt. Die Wirklichkeit *ist* das, was erscheint. Giegerich spricht von der „Theater-Grundstellung", davon, dass der Mensch sich dem Blick und dem Scheinen der Phänomene aussetzt, sich von ihnen anblicken lässt. Sie sind das Schauende, das Blitzende, und der phänomenologisch eingestimmte Mensch wird von diesem Blitz getroffen und ergriffen. So war es im antiken Theater, wo sich Bühne und Zuschauer gegenüberstanden und von den Masken der Akteure die Wirkung auf die Zuschauer ausging. Diese wurden ergriffen – so wie heute mancher beim Familien-Stellen.

Ein phänomenologischer Therapeut ist einer, der nicht von außen auf einen Klienten und sein Problem schaut, sondern der sich innen befindet und sich anschauen, sich vom Blitz der Phänomene treffen lässt. Er sieht den Menschen als Aspekt oder Manifestation des Ganzen. Das Ganze denkt, fühlt und handelt, und zwar durch uns, durch den einzelnen Menschen. Das Ganze oder die Welt ist keine Umwelt, sondern der Einzelne ist Welt, ist ihr Ausdruck oder ihre Bewegung oder Inkarnation.

Nur von dort aus, aus diesem Standort heraus, wächst ihm seine Kraft und auch seine Gelassenheit zu. Nur von dort aus kann er sagen, dass der Therapeut und der Klient getragen sind, und sich gelassen dem anvertrauen, was auch immer in einer Aufstellung auftaucht, und sei es der Tod. Vom klassischen Standort der Psychotherapie her wäre dies nicht möglich. Von dort aus kann man sich bestenfalls in das Unabänderliche fügen – aber nicht gelassen, vertrauend und ruhig, sondern weil es nicht anders geht.

Um zu diesem Standort zu gelangen, muss man das alte Ufer verlassen. Das heißt nicht, dass dieses Ufer falsch und jenes richtig ist. Es sind einfach verschiedene Ufer. Aber vom anderen Ufer aus gesehen sieht die Welt anders aus. Und so sieht auch unser Leben (und Leiden und das, was heil ist) vom Ganzen aus betrachtet anders aus, als wenn wir uns neben den Einzelnen stellen.

Das ist also eine ganz andere Therapie, die hier gemacht wird. Sie vermittelt nicht zwischen dem Einzelnen und seiner Umwelt, weil sie diese Trennung des Denkens gar nicht macht. Dass wir als Einzelne in einer *Umwelt* stehen, ist ein Gedanke, ein Konzept. Sehen wir stattdessen den Einzelnen als Ausdruck, als Bewegung des Ganzen, sind wir von vornherein aufgehoben und wesentlich getragen und geborgen. Dann geht es nicht darum, zwischen zwei gegensätzlichen Kräften (zum Beispiel einem nach Glück oder Gesundheit oder Erfolg strebenden Klienten und einer ihm dies verwehrenden Umwelt) zu vermitteln, sondern darum, diese wesentliche Teilhabe wahrzunehmen, zu sehen und zu fühlen. Heilung ist dann nicht das Beheben von Symptomen oder das Lösen von Problemen, sondern das Erkennen des Teilseins innerhalb eines Ganzen, das Erkennen des Getragenseins. Wille und Kraft sind dann nichts Persönliches und daher auch keine Leistung, sondern kommen einem in dem Maße zu, in dem man sie als etwas Persönliches aufgibt. Denn *nur das Ganze will.*

Das sind einige – wenn man so will: philosophische – Perspektiven, die sich aus dem Familien-Stellen ergeben. Sie sind aber keine Philosophie oder Theorie, sondern kommen aus der unmittelbaren Anschauung und können beim Familien-Stellen von jedem erfahren werden. Wenn man diese Erfahrungen ernst nimmt, führen sie mit der Zeit zu einer solchen Lebenshaltung, in der man sich eingebunden und damit, so merkwürdig dies klingen mag, frei fühlt. Man kann sich gegen diese Schlussfolgerungen aber auch abschotten, denn sie stülpen unser Welt- und unser Selbstbild völlig um. Wer sich diesem Vorgang ergibt, erlebt eine tiefe Reinigung, die Bert Hellinger in Anspielung auf die christliche Mystik die „dunkle Nacht der Seele" oder „dunkle Nacht des Geistes" nennt. Das ist ein Vorgang, der dem phänomenologischen Arbeiten dann doch gelegentlich etwas von seiner Leichtigkeit nimmt, denn dabei geschieht nichts weniger, als dass unsere tiefsten Überzeugungen und Werthaltungen verbrannt werden. „Dunkle Nacht des *Geistes*" scheint mir übrigens der treffendere Begriff, da das zu Reinigende in uns nicht unsere Seele, sondern unser Denken ist. Wie sehr uns die Dunkelheit dieser Nacht zusetzt und wie lange sie anhält, scheint mir nicht zuletzt vom Grad unserer Bereitschaft abzuhängen, unsere Überzeugungen sterben und neuen, lebendigen Erfahrungen weichen zu lassen.

Literatur

Dieses Buch stützt sich im Wesentlichen auf eigene Erfahrungen und die gesamte Arbeit von Bert Hellinger, die in zahlreichen Büchern und anderen Medien dokumentiert ist. Ich habe von Hellinger keine Einzelwerke zitiert. Für Interessenten möchte ich jedoch folgende allgemeineren Veröffentlichungen hervorheben:

Hellinger, B. (1994): Ordnungen der Liebe. Ein Kurs-Buch. Heidelberg (Carl-Auer-Systeme).

Hellinger, B. (1996): Die Mitte fühlt sich leicht an. Vorträge und Geschichten. München (Kösel).

Hellinger, B. und G. ten Hövel (1996): Anerkennen, was ist. Gespräche über Verstrickung und Lösung. München (Kösel).

Hellinger, B. (2001): Die Quelle braucht nicht nach dem Weg zu fragen. Heidelberg (Carl-Auer-Systeme).

Weber, G. (Hrsg.(1993): Zweierlei Glück. Die systemische Psychotherapie Bert Hellingers. Heidelberg (Carl-Auer-Systeme).

Für das Verständnis der phänomenologischen Haltung war für mich Wolfgang Giegerichs „Psychologie der Atombombe" ganz wichtig, und obwohl die beiden Bände nicht vom Familien-Stellen handeln, möchte ich die (leider etwas schwierige) Lektüre jedem empfehlen, der in die Tiefen des Familien-Stellens einsteigen will:

Giegerich, W. (1988): Die Atombombe als seelische Wirklichkeit. Versuch über den Geist des christlichen Abendlandes. (Psychologie der Atombombe, Bd.1). Zürich (Schweizer Spiegel Verlag).

Giegerich, W. (1989): Drachenkampf oder Initiation ins Nuklearzeitalter. (Psychologie der Atombombe, Bd.2). Zürich (Schweizer Spiegel Verlag).

Weitere im Text zitierte Titel:

Behrendt, J. E. (1999): Es gibt keinen Weg, nur Gehen. Sein in der Natur. Frankfurt a. M. (Zweitausendeins).

Kampenhout, D. v. (2001): Die Heilung kommt von außerhalb. Schamanismus und Familien-Stellen. Heidelberg (Carl-Auer-Systeme).
Nelles, W. (2001): Phänomenologie und Wissenschaft beim Familienstellen. Praxis der Systemaufstellung *(1): 69–73.*
Nelles, W. (2002): Wo die Liebe hinfällt. Köln (Edition Innenwelt).
Schneider, J. R. (2001): Beobachtungen zur Rolle des Stellvertreters. Praxis der Systemaufstellung *(1): 23-27.*
Schützenberger, A. A. (2001): Oh, meine Ahnen. Wie das Leben unserer Vorfahren in uns wiederkehrt. Heidelberg (Carl-Auer-Systeme).
Sheldrake, R. (1993): Das Gedächtnis der Natur. München (Piper).
Wilber, K. (1996): Eros, Kosmos, Logos. Eine Jahrtausend-Vision. Frankfurt (Krüger).
Zweig, S. (2000): Die Augen des ewigen Bruders. Eine Legende. Leipzig (Insel-Bücherei Nr. 349).

Das Bild auf dem Umschlag wurde von Shunyam Peter Schaden gemalt.

Shunyam Peter Schaden, gelernter Steinmetz und studierter Bildhauer, Maler und Grafiker, seit 28 Jahren im Lehramt an der staatlichen Akademie der bildenden Künste in Stuttgart.

Shunyam, als Künstlername aus dem Sanskrit hergeleitet, mit der Bedeutung von „Leere“ als ein Hinweis und eine Aufforderung, angesammelte Güter der geistigen und materiellen Welt immer und immer wieder der Existenz zurückzugeben, leer zu werden, um Raum zu schaffen für erneutes Erfülltsein. Seit 20 Jahren mit seiner Vision von „Kunst und Meditation“ verbunden, leitet er neben seiner Tätigkeit an der Kunstakademie ein Meditations-Center in Stuttgart. Die kreativen Prozesse auf dem inneren und äusseren Weg und die unendlich scheinende Vielfalt der Energien und Erkenntnisse sind der Quell seiner Schöpferkraft. Seit Jahren leitete er Kunst- und Meditations-Symposien im In- und Ausland, in denen die Teilnehmer sowohl das kraftvolle Gestalten der äusseren Welt in den künstlerischen Techniken, wie auch den sensiblen und geheimnisvollen Weg nach Innen in den verschiedenen Meditationsformen erfahren können.

Kontaktadresse:
Am Weissenhof 1, 70191 Stuttgart. Tel. (0 711) 28 44 0175
e-mail: p.schaden@abk-stuttgart.de